SANCHONIATHON

QUAE FERUNT

FRAGMENTA

DE COSMOGONIA

ET

THEOLOGIA PHOENICUM

GRAECE VERSA

A PHILONE BYBLIO

SERVATA

AB EUSEBIO CAESARIENSI

PRAEPARATIONIS EVANGELICAE LIBRO I. CAP. VI. ET VII.

GRAECE ET LATINE

RECOGNOVIT, EMENDAVIT, NOTIS SELECTIS

SCALIGERI, BOCHARTI, G. I. VOSSII, CUMBERLANDI,
ALIORUMQUE PERMULTORUM SUISQUE ANIMADVER-
SIONIBUS ILLUSTRAVIT

IOH. CONRADUS ORELLIUS

PAROCHUS AD TEMPLUM SPIRITUS SANCTI ET COLLEGII
CAROLINI TURICENSIS CANONICUS.

LIPSIAE MDCCCXXVI.

SUMTIBUS I. C. HINRICHSII.

PRAEFATIO.

Sanchoniathonis quae feruntur Fragmenta de Cosmogonia et Theologia Phoenicum graece versa a Philone Bybliensi et servata a doctissimo Patrum Eusebio in Libro I. Praeparationis Evangelicae diversa admodum et in alia omnia abeuntia tulerunt Virorum doctorum iudicia. Quidam scilicet, ii inprimis, qui seculo XVII. literis cum sacris tum humanioribus operam dabant, viri doctissimi, Scaligerus, Grotius, Bochartus, Seldenus etc. ea pro veris et genuinis remotissimae antiquitatis monumentis habentes summo studio in id incubuerunt, ut illa ex Phoenicia, Aegyptiaca, maxime autem Hebraica antiquitate illustrarent, et cum sacrae scripturae testimoniis compararent, quo in negotio nimius imo ridiculus saepe et ineptus est Cumberlandus inprimis, Episcopus Perterborgensis in Anglia, unus hactenus horum Fragmentorum editor et interpres, cuius tamen animadversiones tantum non omnes tanquam unice veras receperunt Conscriptores historiae universalis Halenses, qui homo quidem haud indoctus at ingenio suo vel potius praepostero cuidam acumini mirum in modum velificatus in his Sancho-

1 *

niathonis reliquiis Nomina Biblica Caini et eius posterorum fere omnium ad diluvium usque, Noachi
porro, Semi, Chami, Sapheti, Abrahami, Melchisedeci, Esavi, Gedeonis et quae non alia? invenisse
sibi visus est. Alii vero in contrarium abeuntes Fragmentis hisce omnem plane fidem abrogare conati
sunt, dicentes Sanchoniathonem nil nisi nudum nomen sive fictam personam esse, quam Philo Byblius,
totius fabulae inventor primus in scenam induxe-
rit, illique sua commenta subjecerit. Cui equidem
sententiae quo minus subscribam, prohibet cum te-
stimonium Athenaei Sanchoniathonem cum Mocho
inter antiquissimos rerum Phoeniciarum scriptores
referentis, tum etiam aliorum auctorum veterum con-
sensus in nominibus Deorum Phoenicum aliisque,
quae in hisce Fragmentis narrantur. Mediam itaque inter utrosque tam diversa docentes viam secans
plane assentior viris doctissimis Meinersio et Beckio
(vide Notitiam literariam) statuentibus Philonem
quidem Byblium, qui Neronis tempore vixisse tra-
ditur, haud pauca, v. c. ea quae de Cosmogonia
Phoenicum, de primis artium inventoribus, aliaque habet, re ipsa cum ex Sanchoniathonis tum
ex aliis libris Phoenicum sacris exscripsisse, pleraque tamen alia inprimis ex historia Deorum Phoenicum, ad suum consilium mutasse vel potius defor-
masse. Finis scilicet, quem sibi proposuerat Philo iste, is erat, ut doctrinam eorum, qui antiquis
dicebantur Athei, cuique et ipse addictus erat, Dia-
gorae scilicet et Evhemeri Deos, quos gentes cole-
bant, fere omnes homines fuisse statuentium, post

obitum demum a popularibus suis in Deorum censum relatos adstrueret commendaretque lectoribus suis, sed ut Athei nomen et invidiam a se declinaret, nec etiam mysteria, in quibus talia tradebantur, evulgasse videretur, opiniones suas Sanchoniathoni antiquissimo scriptori subiiciens et eius nomine venditans. Nec enim aliud consilium fuisse Philoni, e tota horum Fragmentorum indole luculentissime apparet. Nam Dii, quorum historiam tradit personatus ille Sanchoniathon, unum fere Beelsamen i. e. dominum coeli vel Solem si exceperis quid aliud sunt, nisi meri homines reguli scilicet Phoeniciae vel singularum eius urbium ac regionum, quorum princeps erat Cronus sive Saturnus? et quidem homines impii nefarii, omnis humanitatis ac misericordiae expertes, nulloque non scelerum ac flagitiorum genere polluti, φαυλότητος καὶ μοχθηρίας ἁπάσης κακίαν περιβεβλημένοι, ut verissime in Prooemio scribit Eusebius, quae si diis placet, sanctissima numina post bella cum parentibus ac fratribus gesta, post matres sororesque stupratas, post fratres cum ferro occisos tum vivos terra defossos, post filios filiasque cum interemtos, tum diis immolatos, aliaque huiuscemodi patrata facinora tandem vel ferarum laniatu, vel naufragiis, vel veretrorum abscissione, vel aliis mortium generibus obiere, post mortem denique sive potentiorum iussu, sive subditorum vel adulatione vel formidolosa superstitione τῆς ἀποθεώσεως honorem adepta arisque ac templis fuerunt consecrata. Quid quod consilium suum, ut scilicet suam Theologiam op-

poneret cum poetarum Graecorum figmentis tum allegoriis Stoicorum aliorumque Graecarum religionum interpretum, qui omnem fere Graecorum nu-
minum multitudinem in divinas quasdam totius
universi virtutes ac vires sive coelestia etiam cor-
pora transferre satagebant, ipse Philo apertissime
nobis indicat his verbis: Οἱ δὲ Ἕλληνες εὐσεβείᾳ πάντας ὑπερβαλλόμενοι τὰ μὲν πρῶτα πλεῖστα ἐξιδιώσαντο
καὶ τοῖς προκοσμήμασι ποικίλως ἐξετραγῴδησαν ταῖς
τῶν μύθων ἡδοναῖς θέλγειν ἐπινοοῦντες παντοίως
ἐποίκιλλον etc. etc. Haec itaque fragmenta si quis
in rebus singulis ad veritatem historicam ac chro-
nologicam accommodare cumque sacrorum et pro-
fanorum auctorum testimoniis comparare voluerit,
is sane, ut intelligentissimus talium rerum arbiter
Herderus V. S. in lib. *Ideen zur Philosophie der
Geschichte der Menschheit* iudicat, oleum ut aiunt
et operam perdidisse dicendus sit.

Iam vero quid praestitum fuerit in nova hac
Fragmentorum Sanchoniathonis editione, paucis
accipe, benevole lector. Ante omnia curavimus,
ut textus ad editionem Eusebii a Francisco Vigero
curatam quam accuratissime imprimeretur, comparata etiam, in quibus meliora dabat, editione
Roberti Stephani Lutetiae anno 1544 excusa. In
Notis quaecunque bonae frugis antiquiores interpretes, summus Scaligerus in *Animadversioni-
bus ad Fragmenta veterum historicorum* editioni
secundae Operis praestantissimi *de Emendatione
Temporum* ad calcem adiecta, quae Bochartus in
Phaleg et *Canaan*, G. I. Vossius in libris *de Ido-*

lotatria veterum, Seldenus in Opere doctissimo *de Diis Syris* aliique attulissent, sedulo excerpsimus, suspiciones autem vel somnia potius Cumberlandi paucis attingere satagentes. In usum etiam vocavimus recentiorum interpretationes in libris diversissimi generis dispersas ut Iablonskii in *Pantheo Aegyptiaco* et *Opusculis* a te Watero viro doctissimo editis, Francogalli Dupuis, in Opere perquam erudito *de origine religionum:* Gosselini in libro *L'Antiquitée devoilée Paris* 1808, Wagneri in libro inscripto: *Ideen zu einer allgemeinen Theologie der alten Welt* et *Francofurti* 1808 excuso, Kannii in libro: *Pantheon zur ältesten Naturphilosophie,* Creutzeri Viri doctissimi in secunda editione operis praestantissimi: *Symbolik und Mythologie,* aliorumque permultorum, inprimis autem Münteri commentationes inscriptas: *Religion der Carthager,* ex quo uno libro doctissimo plus nos ad Sanchoniathonem illustrandum profecisse, quam e spissis aliorum voluminibus, est quod gratissima mente profiteri liceat. Fourmontii autem et Courtii Gebelini interpretationes plane negleximus, merito reiectas a doctissimo Beckio tanquam ineptas et aliena prorsus ac ἀπροσδιόνυσα continentes. Loca, ubi nos vel destituebant priores interpretes, vel veram scriptoris sententiam minus assecuti visi essent, proprio Marte ipsi pro virium modulo explicare conati sumus, reliqua, quae in Mythis hisce obscuris plerumque et reconditis veremur ne permulta sint, doctiorum acumini reservantes.

Vale, benevole lector, et nostris laboribus fru-

ere: qui si virorum doctorum suffragia tulerint,
Manethonis etiam de rebus Aegyptiacis quae su-
persunt Fragmenta e Flavio Iosepho, Georgio Syn-
cello aliisque collecta et explicata una cum eius
carmine Apotelesmatico ad Dorvillii aliorumque
emendationes recensito luci dare in animo est,
quando scil. Deus Optimus Maximus vitam nobis viresque ad eiusmodi labores necessarias suf-
fecerit.

Scribebam Turici Helvetiorum
die XV. Decembris MDCCCXXVI.

NOTITIA LITERARIA

DE

SANCHONIATHONE.

(Ex Io. Alb. Fabricii Bibliotheca Graeca Lib. I. Cap. XXVIII cum auctariis Harlesii Tom. I. p. 222 et seqq.)

Sanchoniathonis nomen et aetas.

I. S<small>ANCHONIATHON</small> a) Berytius, sive, ut Athenaeus innuit, et Suidas diserte tradit, Tyrius b), diu ante Iliaca tempora, Semiramidis aetate vixisse perhibetur a *Porphyrio* Lib. IV. adversus Christianos apud *Eusebium* Lib. I. praeparat. p. 31. et Lib. X. pag. 485. *Theodoretum* Lib. II. de curat. Graecarum affect. pag. 28. atque adeo aequalis fuisse Gedeonis c), ut notant Bochartus, Huetius, Lemonius et

---

a) v. *Hasaeus* lib. de Acad. Beryt. cap. XI. §. 1. Biblioth. Brem. tom. VI. pag. 660. seqq. *Heumann.* de Moscho et Sanchoniathone v. M. *Io. David Baier* in Diss. de Phoenicibus eorumque studiis et inventis. Ienae 1709. pag. 18—25. *Harl.*

b) Fortasse haec non pugnant. Tyrus *s. Tyrii* non numquam pro *Phoenicibus* ponuntur: et, qui natus fuit Beryti, dici potuit Tyrius, ad eundem modum, quo Pindarus, natus Cynoscephalis vel Hylae, Thebanus haberi solet. v. P<small>ALMER</small>. *Exercit.* p. 816. et cl. M<small>ANSO</small>, *Anmerk. zu Mosch. II. Idyll.* p. 334. sq. *Iaeg.*

c) Hoc inde certo effici non potest. Nam si v. c. F<small>RERETUM</small>, in Comment. de Hist. et Chronolog. Assyr. (*in Abhandl. und Auszügen der*

alii. Licet Porphyrius ipse etiam, et Suidas χατὰ τὰ
Τρωϊκὰ sive circa tempora Troiana, hoc est multis post
Semiramidem non annis, sed saeculis, vixisse memorent,
et *Iosephus Scaliger* in notis ad fragmenta Graeca libro de
emendatione temporum subiecta p. 40. eumque secuti *Vossius* de hist. Graecis Lib. I. c. 1. *Conringius* de Medicina
Hermetica p. 5. aliique viri doctissimi, vel hoc ipsum vo-
cent in dubium, quia conditae anno 91. vel 76. vel 65.
demum ante Troianum excidium, Tyri, velut rei antiquissimae Sanchoniathon meminit. Hoc vero argumentum re-
vincit Bochartus, docens plures urbes Tyri nomine fuisse,
et Palaeo-Tyri iam fieri mentionem d) Ios. XIX. 29. Vide
Lib. II. Chanaanis cap. 17. Eodem Porphyrio apud Theodoretum notante, (apud Eusebium enim locus corruptus)
nomen Sanchoniathon Phoenicum lingua φιλαλήθη significat, sive ut Bochartus [P] סנכנאתן *lex Zelus eius.* Confirmat et Porphyrii Etymologiam *Bernardus Aldrete* Canonicus Cordubensis in Antiquitatibus Hispaniae et Africae,
patria lingua editis, qui nomen Sanchoniathonis deducit a
שׁקקה cupidus et אמת veritas. *Ioh. Henr. Ursino* autem in
libro de Zoroastre, Hermete et Sanchoniathone, qui prodiit Norimbergae Ao. 1661. 8. *San-chuni-athon* pag. 185.
exponitur *scopulus praeparatus asinae,* et cum ludibrio

K. Acad. der Inschr. zu Paris, I. B. p. 118.) audias, Semiramis sex,
septemve annis ante, quam Iacobus patriarcha in Aegyptum abiret, regni
gubernacula tractare coepit. Si F R A N K I U M sequaris (*in N* syst. Chronolog. p. 192. et p. 246.) anno a mundo condito 2214. Semiramis rerum
summae praefuit, Gideon vero a. 2947 victoriam de Midianitis repor-
tavit. Omnino in expediendas temporum rationes, quibus res Iudaeorum
antiquas, suo quamque loco, in illis, quae graeci scriptores tradide-
runt, assignare conantur viri docti, opera plerumque frustra insumi-
tur. *Iaeg.*

d) Novam urbem, in insula sitam, eodem fere tempore, quo Pa-
laetyrum, saltem brevi post, condi coeptam esse, argumentis copiosis
et gravibus evincere laborant PP. *Raph.* et *Petr.* -*Roder.* M O H E D A N O
auctores *Hist. Literar. Hispan.* T. I. p. 307. sq. Quin urbem istam in
insula eodem fere tempore, quo Sidonem, conditam fuisse, ex eaque
postea egressam partem sessorum urbem in continente statuisse, putat I A C K S O N; v. eius *Antiquitatt. Chronolog.* p. 719. (translat. ger-
man.) *Iaeg.*

Christiani nominis creditur excogitatum a Philone Byblio nomen, nimis quidem violenta expositione, ut docet *Olaus Borrichius* de ortu ac progressu Chemiae pag. 68. Eandem reiicit *Gustavus Peringerus* diss. de Sanchoniathone Upsal. 1686. 8.

Phoenicia historia a Philone Byblio graece conversa aut conficta.

II. *Phoenicia* scripsisse narrat Athenaeus sub extremum libri tertii, ubi male scriptum φοινικὰ et Σουνιαί-θωνι pro φοινικικὰ et Σαγχουνιάθωνι recte monuit *Casaubonus* ad Athenaeum Lib. III. c. 37. p. 126. qui tamen memoria lapsus est, cum affirmavit, Sanchoniathonis multis locis meminisse Philonem, Iosephum et alios. Nam Iosephus nusquam eius mentionem facit, nec Philo, nisi Philonem intellexit, non Hebraeum, sed Byblium, qui tamen et ipse haud eius meminit multis locis, sed, ut mox dicemus, Sanchoniathonis opus e Phoenicia in Graecam linguam transtulit e). Hoc a *Porphyrio* Lib. II. de abstinentia ab animantibus pag. 94. vocatur φοινικικὴ ἱστορία, a *Theodoreto* p. 34. ἡ Φοινίκων θεολογία. Suidas ait, Sanchoniathonem scripsisse περὶ τῆς Ἑρμοῦ φυσιολογίας, ἥτις μετεφράσθη πατρίᾳ Τυρίων τῇ Φοινίκων διαλέκτῳ, tum Αἰγυπτιακὴν Θεολογίαν καὶ ἄλλα τινά. Quicunque vero fuit titulus operis, ex fragmentis, quae ex illo producuntur a Porphyrio, Eusebio et Theodoreto, patet illud continuisse origines, historiam et religionem antiquissimorum Aegyptiorum pariter ac Phoenicum. Praecipuas rerum, quas tradidit, memorias sive ὑπομνήματα fertur accepisse ab *Hierombalo* Dei summi sacerdote f), εἰληφὼς

---

e) Apud *Iriarte* inter codd. Matrit. reg. numeratur quidam 84. in quo praeter multa alia dicitur, (pag. 346.) inesse n. 180. sine titulo de Sanchoniathone brevis haec notitia Σαχωνιάθων (leg. Σαγχωνιάθων) ὁ Βηρύτιος τὴν Φοινίκων θεολογίαν ἐξέδωκεν ἣν Ὀρφεὺς μετήνεγκεν εἰς τὴν Ἑλλάδα φωνήν. καὶ τὰς τελέτας τῶν Αἰγυπτίων. Sed fides sit penes auctorem. *Harl.*

f) pro *Hierombalo* legendum esse *Ierobalo* i. e. Ierobaal, quod cog-

τὰ ὑπομνήματα παρὰ Ἱερομβάλου τοῦ ἱερέως Θεοῦ τοῦ Ἰευώ. Quin iste Hierombalus fuerit Gideon, qui in libro Iudicum plus simplici vice Ierobaal nominatur, haud dubitant *Bochartas*, *Huetius* Demonstrat. Evang. pag. 84. *Petrus Iurieu* in Historia critica dogmatum et religionis Iudaeorum p. 432. Verum non absurdis hoc argumentis negat Antonius *van Dalen* diss. de Sanchoniathone, libro de Aristea subiecta p. 476. sq. Amst. 1705. adde *Dodwell* diss. de Sanchoniathone p. 43. *Georgi Christoph. Küsteri* Exercit. de Sanchoniathone, Bibl. Brem. fasc. 4. tom. 6. pag. 660. sqq. A Critical and apologetical Dissertat. for Sir *Isaac Newton's* new System of Chronology and Mytholog. Gel. Zeit. 1731. pag. 891. 892. *Fourmontii* Réflexions critiques sur les Histoires des anciens peuples tom. I. II. Paris 1735. 4. Journ. des Sav. a. 1735. Nov. p. 376. et a. 1736. Jan. pag. 23. — Dicitur et Sanchoniathon adhibuisse acta et historias variarum urbium, et monumenta in templis hinc inde asservata τὰ κατὰ πόλιν ὑπομνήματα καὶ τὰς ἐν τοῖς ἱεροῖς ἀναγραφὰς, τὰ ἀπὸ τῶν ἀδύτων εὑρεθέντα ἀπόκρυφα Ἀμουνέων γράμματα, singillatim κοσμογονίαν Taauti, (qui Aegyptiis Thoth, Graecis Hermes), aliaque eius commentaria, per quae idem Huetius libros Moysis intelligit. Fragmentum (?) Sanchoniathonis lingua Aramaea scriptum habere se testatus est *Kircherus* Obelisci Pamphilii p. 111. Idem alibi affirmavit Sanchoniathonem a se nescio ubi conspectum, sed investigantis deinde oculis subductum, cuius rei fidem apud ipsum esse lubens iubeo. Hoc Sanchoniathonis opus dedi-

---

nomen erat Gideonis, indicat IACKSON. (l. c. p. 702. n. 3.) idemque, dum illum, a quo Sanchoniathon ὑπομνήματα accepit, Gideonem fuisse ponit, falso hic appellationem *sacerdotis* usurpari monet: errorem autem putat esse vel Sanchoniathonis ipsius, vel Philonis, qui adhibitam ab isto vocem *Kohen* (quae plerumque *sacerdotem* significat,) ignoraverit, hic, significatu rariore, notare *principem*. Sed tenendum est, quod bene observat GOGUETUS, in Diss. de Sanchoniathone, subiecta Parti I. operis de *Orig. Legg. et Artium*, (p. 383. vers. germ.) Porphyrium modo mentionem facere Hierombali, non Philonem, cui tamen potior harum rerum notitia fuerit: hunc vero alios fontes, quibus usus sit Sanchoniathon, commemorare. *Iaeger.*

catum regi Berytio Abibalo (quod nomen etiam Hirami regis parenti fuisse ex Dio Phoenicum historico narrat *Iosephus* I. contra Apionem p. 1042.) et Phoenicia lingua ab auctore scriptum, in Graecam linguam transtulit *Philo Byblius*, Grammaticus, digessitque in libros *novem*, ut refert *Eusebius* Lib. I. praeparat. p. 31. quamvis *octo* computet *Porphyrius* Lib. II. de abstinentia p. 94. sive, quod nota numeralis ϑ' in ἡ mutata sit a librariis, ut putat *Reinesius* cap. 12. de lingua Punica, sive, quod librum Philonis Byblii, quem citat, περὶ Ἰουδαίων una computaverit Eusebius, quae Dodwelli coniectura est, sive quod Sanchoniathonis librum primum Theologicum a reliquis octo historici argumenti Porphyrius exemit, ut suspicatur *Bochartus* Lib. II. Chan. c. 17. p. 856. sq. Sane, quae ex primo referre se ait Eusebius, Cosmogoniam et Theogoniam ex mente Phoenicum exponunt. Phoenicia, quae in illis Sanchoniathonis fragmentis occurrunt, illustrat idem *Bochartus* in Chanaan libro et capite secundo. Cyrillus Alexandrinus Lib. VI. contra Iulianum p. 205. Sanchoniathi (Σαγχονιά–ϑον) historiam e Phoenicum idiomate in Graecum a Iosepho Iudaeo translatam scribit, teste allato Clemente in Stromatibus. Sed memoria fefellit optimum praesulem, neque enim Clemens Sanchoniathonis meminit, neque Iosephus eius historiam graece transtulit g), tum ῥῆσις, quam mox velut e Sanchoniathone producit, petita est e Philonis Byblii, quae exstat apud Eusebium, praefatione. Operum Sanchoniathonis iactura reipubl. literariae vulnus inflictum esse perpetuo dolendum profitetur Th. de Pinedo p. 164. ad Stephan. Byzant.

Ursini et Dodwelli iudicia de Sanchon.

III. Ceterum non modo Ursinus, quem supra dixi, universa ista, quae de Sanchoniathone feruntur, fabulis ac-

---

g) GOGUETUS, l. c. p. 337. monet, errasse quidem Cyrillum nominando Iosepho, loco Philonis; sed ex eo, quod hodie in Operibus

censet, Sanchoniathonemqne nulli ante visum lectumve, primum a Philone Byblio 'putat confictum fuisse h), sed idem

---

Clementis nulla mentio fiat Sanchoniathonis, non satis recte colligi, etiam hac parte falsum esse praesulem; intercidisse enim principium L. I. Stromatum, et in ceteris quoque multa desiderari. *Iaeg.*

h) Ab hac sententia prope abesse videtur *Saxius*, V. C. qui in Onomast. Lit. P. I. p. 7. ad annum ab orbe condito 2729 hunc scriptorem ita refert: „Sanchoniathon, nescio quis, antiquitatis, ut perhibent, Phoenicum auctor.‟ Verum istam suspicionem argumentis satis probabilibus labefactat *Goguetus*, in Dissert. laudata. Medio tutissimus ibis, duce celeberrimo Academiae Lipsiensis Professore, *C. D. Beckio*, qui in *Commentat. de fontibus, unde sententiae et coniecturae de creatione et prima facie orbis terrarum dicuntur*, p. VII. ita censet: „Mihi non videtur integer liber a Philone confictus esse; haec enim fraus statim omnibus innotuisset: sed superesse putem reliquias annalium Sanchuniathonis, etsi valde a Philone, forte etiam Eusebio, interpolatas. vide cel. *Heynius* ad: Abhandl. der Paris. Acad. d. Inschr. Griech. Alterth. P. I. p. 240. sqq.‟ Ceterum praeter Goguetum, itemque Iacksonum, (qui l. l. p. 702. sqq. fragmentum scriptoris docta adnotatione persequitur) consulendus est *Bruckerus*, Hist. Crit. Philos. T. I. P. I. L. 2. c. 6. §. 6. p. 236—40. et in Appendice s. Vol. VI. p. 101. *Wesseling.* ad Simson. Chron. Parasc. c. I. et A. M. 2950. add. *Gust. Peringeri* Dissert. de *Sanchoniathone* Upsal. 1686. 8. Ant. van *Dalen* Diss. super *Sanchoniathone*, ad calcem Diss. super Aristea, Amstelod. 1705. 4. p. 472—506. Dissertat. sur les livres de *Sanchoniathon*, contre l'Auteur de la Bibliothèque critique (Mr. Simon, qui tom. II. pag. 10. Porphyrii aetate illos suppositos arguit) dans les Mem. de Trevoux, Janv. 1714. p. 68. et Fevrier p. 323. et dans le Journal des Savans, Octob. 1714. p. 453. et 536. edit. d'Amsterd. Vertit Fragmentum hoc anglice Richard. *Cumberland*, adiecto Commentario (Sanchoniatho's Phoenician History translated from the first Bock of Eusebius de Praepar. evangelica — With historical and chronological remarkes — by Rich. Cumberland. Lond. 1720. 8.) quem futilissimum esse pronuntiat Cl. *Beckius* in Commentat. supra laudata, p. VI. Eius etiam habemus versionem germanicam: *R. Cumberlands Phoenizische Hist. des Sanchoniathons, übersetzt von Joh. Phil. Cassel, Magdeb.* 1755. 8. Réflexions critiques sur les histoires des anciens peuples, — par Etienne Fourmont, à Paris 1735. 8. [al. 4. tom. I. livr. I. cap. 1. sqq.]. Allégories orientales, ou le Fragment de *Sanchoniathon*, — par Mr. *Court de Gebelin*, à Paris 1773. 4. (Et Fourmontium et Gebelinium critica arte plane destitutum historiam antiquam tantum non pervertisse, iudicat *Beckius*, l. c.) *Delisle* Neue Welt- und Menschengeschichte, T. I. p. 568—599. (ex vers. germ. Hissmanni). *Meiners*, Hist. doctrinae

quoque ante decennium singulari dissertatione Anglice edita,
variis rationibus, veterum praecipue silentio evincere est

---

de V. D. p. 64. sqq. *Iasg.* Delisle usus est Cumberlandi, Fourmontii,
Gebelinique commentis ad illustranda ingeniosius fragmenta Sanch. In-
venerunt enim fragmenta illa, quae ap. Euseb. occurrunt multos nuper
defensores, qui librum Phoenicii scriptoris antiquissimum fideliter a
Philone in graecam linguam translatum esse contenderent, quorum acu-
tissimi sunt Ant. Yoes Goguet (Diss. sur Sanchoniathon ad calcem T. I.
Operis: De l'origine des Loix, des Arts et des Sciences etc. à la Haye
1758. III. 12. ed. 2. Par. 1778. VI. 8. germ. conv. Hamberger. 1760.
III. 4.) *Delislius* (Neue Welt und M. Gesch. l. l. et T. IV. p. 120. sq.)
et *Mignotus* (Mémoires de l'Academ. des Inscript. T. XXXIV. p. 65. sq.).
Utuntur vero argumentis his: 1) commemorari Sanch. libros ab Athe-
naeo, Clemente, Porphyrio, Theodoreto, et Suida. 2) antiquioribus
scriptoribus ideo non innotuisse, quia nondum Graece legi poterant,
omninoque rarius inveniebantur. 3) esse in iis clarissima antiquissimae
cosmogoniae indicia, et ipsam scriptionis indolem sic referre vetustatem
remotissimam et exprimere, ut nullus recentior scriptor imitando eam
assequi potuerit.

Contra post Ursinum, Dodwellum et Dalenium impugnarunt alii librorum istorum veritatem, in quibus eminent Christoph. Meiners, Prof.
Gött. celeb. (in Historia doctrinae de vero deo T. I. p. 63. sq.) et
Mich. Hissmann (Not. ad Librum: Neue W. und M. Gesch. T. I.
p. 570. sq. N. 120. sq.). Hi 1) urgent silentium antiquiorum scriptorum
de Sanchoniathone et differentiam narrationum Eusebii et Clementis de
auctore versionis, Eusebii et Porphyrii de numero librorum Operis.
2) monent plena esse fragmenta erroribus chronologicis historicisque.
Sic Tyrum urbem commemorari; Thotum Phoenicium dici, qui tamen
Aegyptius fuerit. 3) inesse vocabula, quibus Gnostici serius usi fuerint,
ut Protogonos, Aeon. 4) praecipua de mundi formatione commenta
esse nunc Mosi nunc Hesiodo surrepta. Addit V. S. V. *Ierusalem*
(Betrachtungen über die vornehmsten Wahrheiten der Religion T. II.
P. I. p. 172.). Philonem ideo librum illum confinxisse, ut Iosephi infringe-
ret auctoritatem. Caeterum Hissmannus censet, auctorem egregie, quomodo sensim cultura ingeniorum processerit, variaeque artes inventae
sint, ostendisse.

Alii denique credunt, aut Sanchoniathonem fuisse recentiorem scriptorem (ut de la Barre in Historia religionis Graecae, quae franco-
gallice scripta legitur in Commentariis Acad. Inscript. Paris. T. XVI.
germanice in Abhandlungen und Auszügen der Kön. Acad. d. Inschr.
in Classen gebracht; das griechische Alterthum, I. B. p. 224—241., qui
quidem censet vixisse Sanchoniathonem post Alexandri M. tempora) aut,
Philonem usum quidem esse antiquissimo libro, et inde quaedam ex-

conatus Hibernorum doctissimus *Henricus Dodwellus* i), cuius argumenta, cui videre volupe est, is (ni liber Anglicus ad manum sit) evolvet supplementa ad Acta Eruditorum, quae Lipsiae cum magno rei literariae fructu iam pridem colliguntur, T. 2. p. 512. sq. In primis singulare est, quod *Philonem* istum *Byblium* k), qui sub Nerone et deinceps ad Hadrianum usque vixit, et de rebus eius commentatus est, non diversum esse docet ab l) *Herennio Philone*, suspicaturque ab eo potius fraudis unico auctore et architecto [?] ὑποβολιμαῖον istum Sanchoniathonem Bocharti etiam iudicio fabulosum scriptorem oppositum fuisse libris, quos contra Apionem non diu ante sub Domitiani Imperio Iosephus Iudaeus scripserat, nomen vero effictum sive detortum ex *Sonchide*, Saite, sacerdote sapientissimo et Archipropheta Aegyptio, cuius meminit libro de Iside et Osiride Plutarchus m).

---

cerpsisse, sed immutasse multa et adiecisse, ut Heynius (in Not. ad Com. Barrii laud. p. 241.). Eandem rationem sequitur Foucher (Recherches sur l'origine et la nature de l'Hellénisme ou de la religion de Grèce, VII. Mémoire, dans les Mém. de l'Ac. d. Inscr. T. 38. p. 452. sq. Add. Joh. Gottf. Herder Ideen zur Philosophie der Geschichte der Menschheit. T. I. p. 311. sq.). Plures, qui de Sanchoniathone scripserunt, laudarunt Fabricy (Sur l'Epoque de l'Equitation T. I. p. 211.) et Ioh. Geo. Meusel, V. C. in Bibliotheca Historica Vol. II. P. I. p. 2 — 6.

Caeterum fama fuit, secundum quoddam Sanch. fragmentum extare in Bibl. Medicea Florentiae, et tertium per Peirescium ex Oriente allatum, et deportatum Romam ad Athan. Kircherum, qui tamen illud evulgare noluerit. Cf. Kircher. de Obelisco Pamphil. p. 110. *Beck.*

i) H. Dodwell's *Discourse concernig Sanchoniathon.* London. 1681. et ad calcem operis: Two lettres of Advice. 1691. 8. Cf. *Dodwell's Works*, London. 1723. p. 84. sqq. *Iaeg.* Illum plerique alii in disputationibus contra Sanch. fragmenta sequuti sunt. *Beck.*

k) v. Eudocia p. 424. ubi Philonis istius scripta quoque commemorantur. *Harl.*

l) De hoc Herennio confer si placet Salmas. ad Solin. p. 1227.

m) *Fabricius* orae exempli sui adscripserat haec, quae sequuntur: „De Cumberlandi Review of the Cosmogonie of Sanchoniathon's Phoenician History cum continuatione e Canone Eratosthenis et Dicaearchi

Mochus Sidonius et alii Phoenic. scriptt.

IV. De reliquis Phoenicum historicis antiquissimis *Theodoto, Hypsicrate, Mocho* sive *Moscho*, (quorum scripta in Graecam linguam transtulit Laetus) tum de *Dio* et *Menandro Ephesio*, Annalibusque Tyriorum, abunde dixerunt, *Scaliger* ad fragmenta Berosi Abydeni et aliorum, subiecta operi incomparabili de emendatione temporum, *Bochartus* Lib. II. Chanaan c. 17. *Vossius* de historicis Graecis etc. De *Mocho* Sidonio speciatim, quem similiter ante Troiana tempora vixisse Strabo auctor est Lib. XVI. p. 757. et quidem recentiores parum verisimiliter confundunt cum Moyse ⁿ), videndus *Reinesius* addendis ad librum de lingua

---

Londini 1720. 8. v. Acta Eruditor. 1722. p. 524. Bibl. Bremens. tom. IV. pag. 1091. Biblioth. Angloise tom. VIII. pag. 258. 494. In eiusdem opere postumo, edito a S. Payne attemps for discovering the times of the first planting of nations, London. 1724. 8. Acta Eruditor. tom. IX. suppl. p. 329. *Wilh. Whiston* p. CLXIII. sqq. appendicis ad librum, An Essay towards restoring the true text of the old Testament, London. 1722. 8. ubi Sanchoniathoniana anglice maximam partem e Cumberland." *Heumannus* vero adnotarat margini sui exemplaris haecce: „ Cumberlandi editio Sanchuniathonis recensetur et severe examinatur in *Clerici* B. A. M. tom. XXIII. pag. 207. sqq. Idem *Clericus* ibid. p. 220. Sanchuniathonem esse supposititium statuit; idem senserunt *Conring.* lib. I. de Herm. Med. cap. II. pag. 4. 5. 6. et cap. VIII. pag. 74. *Calmetus* in Biblischen Untersuchung. part. IV. pag. 54. sq. et V. D. in Novis supplem. Act. Erud. tom. V. pag. 246. sq. Contra tamquam genuinum illius foetum vindicare student *Rich. Cumberland* in Mem. lit. de Grand Bret. tom. IV. pag. 249. sqq. *Thomas Burnetus* Archaeolog. lib. I. cap. 6. *Huetius* Demonstrat. evang. prop. IV. cap. 2. §. 2. et cap. 3. §. 2. la *Croze* Entretiens pag. 174. *Fourmont*, cuius liber recensetur in Actis Erudit. 1740. pag. 491. sq. vide Anonymi diss. in Iournal des Savans 1714. m. Octob. p. 453—476. et p. 536—560." Hactenus Heumann. Adde Thesaurum Epistol. Lacrozian. t. I. pag. 232. et Historiam catholicam ex lingua anglica in germanicam versam curante S. I. Baumgartenio vol. I. *Harl.*

ⁿ) Moyses Alexandro Polyhistori fuit femina; Μωσὼ γυνὴ Ἑβραία, ἧς ἔστι σύγγραμμα ὁ παρ' Ἑβραίοις νόμος. Suidas in Ἀλέξανδρος et Μωσώ. *Fabric. Gottfr. Olearius* diss. II. de Heraclito §. 2. *Vockerodius* diss. de Notitia S. Scripturae inter gentes pag. 259. §. 2. *Huetius* in Demonstrat. evangel. Propos. IV. cap. 2. §. 8. *Heumann.*

2

Punica, elegantissimi Graevii cura in Belgio recusum: *Seldenus* de iure naturae et gentium Lib. I. cap. 2. *Huetius* Demonstrat. Evangel. p. 88. et *Radulphus Cudworthus* in Opere de vera notione universi intelligibilis p. 12. sq. et *Io. Clerici* V. C. Biblioth. selec. T. I. p. 75. sq. Etiam Βαβυλωνίων ἱερὰ sive sacra monumenta memorat *Iamblichus* in vita Pythagorae c. 34. ex Methodoro Epicharmi filio Pythagoreo.

TESTIMONIA VETERUM
DE
SANCHONIATHONE.

Athenaeus Lib. III. Cap. XXXVII.
(pag. 126. ed. Casaub.)

Καὶ ὁ Κύνουλκος ἔφη· ἐμπίμπλασο, Οὐλπιανὲ χεβροδλάψου πατρίου, ὃς παρ' οὐδενὶ τῶν παλαιῶν, μὰ τὴν Δήμητρα, γέγραπται, πλὴν εἰ μὴ ἄρα παρὰ τοῖς τὰ Φοινιχιχὰ συγγεγραφόσι Σουνιαίθωνι (sic pro Σαγχωνιάθωνι) καὶ Μωχῷ τοῖς σοῖς πολίταις.

Porphyrius de Abstin. Lib. II. §. 56.
(pag. 94. ed. Holsten. Cantabrig.)

Φοίνιχες δὲ ἐν ταῖς μεγάλαις συμφοραῖς, ἢ πολέμων, ἢ αὐχμῶν, ἢ λοιμῶν ἐθύοντο τῶν φιλτάτων τινὰ ἐπιψηφίζοντες Κρόνῳ. Καὶ πλήρης δὲ ἡ Φοινιχιχὴ ἱστορία τῶν θυσάντων, ἣν Σαγχυννιάθων μὲν τῇ Φοινίχων γλώττῃ συνέγραψεν, Φίλων δὲ ὁ Βύβλιος εἰς τὴν Ἑλλάδα γλῶσσαν δι' ὀχτὼ βιβλίων ἡρμήνευσεν.

Theodoretus de Cur. Graec. Affect. Serm. II.

Σαγχωνιάθων μὲν ὁ Βηρύτιος τὴν Φοινίχων Θεολογίαν ξυνέγραψε· μετήνεγχε δὲ ταύτην εἰς τὴν Ἑλλάδα φωνὴν Φίλων, οὐχ ὁ Ἑβραῖος, ἀλλ' ὁ Βύβλιος· τὸν δὲ Σαγχωνιάθωνα λίαν τεθαύμαχεν ὁ Πορφύριος.

Suidas.

Σαγχωνιάθων, Τύριος φιλόσοφος, ὃς γέγονε κατὰ τὰ Τρωϊχά. Περὶ τοῦ Ἑρμοῦ φυσιολογίας, ἥτις μετεφράσθη. Πάτρια Τυρίων τῇ Φοινίχων διαλέχτῳ, Αἰγυπτιαχὴν Θεολογίαν καὶ ἄλλα τινά.

Conf. G. Ioh. Vossius de Historicis Graecis Lib. I. Cap. 1. pag. 3. seq.

---

2 *

Eusebius Praeparat. Evangel. Lib. X. c. XI. p. 485.

e x P o r p h y r i o.

Ἱστορεῖ δὲ τὰ περὶ Ἰουδαίων ἀληθέστατα, ὅτι καὶ τοῖς τόποις καὶ τοῖς ὀνόμασιν αὐτῶν τὰ συμφωνότατα Σαγχωνιάθων ὁ Βηρύτιος, εἰληφὼς τὰ ὑπομνήματα παρὰ Ἱερομβάλου τοῦ ἱερέως θεοῦ Ἰευώ, ὃς Ἀβελβάλῳ τῷ βασιλεῖ Βηρυτίων τὴν ἱστορίαν ἀναθεὶς, ὑπ' ἐκείνου καὶ τῶν κατ' αὐτὸν ἐξεταστῶν τῆς ἀληθείας παρεδέχθη· οἱ δὲ τούτων χρόνοι καὶ πρὸ τῶν Τρωϊκῶν πίπτουσι χρόνων, καὶ σχεδὸν τοῖς Μωσέως πλησιάζουσιν, ὡς αἱ τῶν Φοινίκης βασιλέων διαδοχαὶ μηνύουσι. Σαγχωνιάθων δὲ, ὁ κατὰ τὴν τῶν Φοινίκων διάλεκτον φιλαλήθως (l. φιλαλήθης) πᾶσαν τὴν παλαιὰν ἱστορίαν ἐκ τῶν κατὰ πόλιν ὑπομνημάτων, καὶ τῶν ἐν τοῖς ἱεροῖς ἀναγραφῶν συναγαγὼν καὶ συγγράψας, ἐπὶ Σεμιράμεως γέγονε τῆς Ἀσσυρίων βασιλίδος. Ταῦτα ὁ Πορφύριος. Δεῖ δὲ συλλογίσασθαι τὰ προκείμενα ὧδέ πως. Εἴπερ Σαγχωνιάθων ἐπὶ Σεμιράμεως γέγονεν· ἡ δὲ μακρῷ πρόσθεν τῶν Τρωϊκῶν ὁμολογεῖται, εἴη ἂν καὶ Σαγχωνιάθων τῶν Τρωϊκῶν παλαιότερος. Ἀλλ' οὗτος παρ' ἑτέρων πρεσβυτέρων αὐτοῦ τοῖς χρόνοις εἰληφέναι λέγεται τὰ ὑπομνήματα· οἱ δὲ καὶ αὐτοὶ ἀρχαιότεροι ὄντες αὐτοῦ σχεδὸν τοῖς Μωσέως πλησιάζειν χρόνοις εἴρηνται, οὐδὲ αὐτοὶ κατὰ Μωσέα γενόμενοι, ἀλλὰ σχεδὸν τοῖς ἐκείνου χρόνοις πλησιάζοντες· ὡς τοσοῦτον πρεσβύτερον τὸν Μωσέα τοῦ Σαγχωνιάθωνος, ὁπόσον αὐτὸς λείπηται τῶν αὐτοῦ πρεσβυτέρων, οἱ Μωσεῖ πλησιάζειν ὡμολογήθησαν. Πόσοις δὲ ἄρα ἔτεσιν εἰκὸς ἦν Μωσέα ὑπεράγειν τοὺς δηλουμένους, ἄπορον εἰπεῖν· διόπερ τοῦτό μοι δοκῶ παρήσειν· δοὺς δὲ κατ' αὐτὸν ἐκεῖνον τὸν Σαγχωνιάθωνα Μωσέα γεγονέναι καὶ μὴ πρότερον, ὧδε τὸν ἔλεγχον ἐφοδεύσω. Εἴπερ ἐπὶ Σεμιράμεως τῆς Ἀσσυρίων βασιλίδος ὁ Σαγχωνιάθων ἐγνωρίζετο, ἔστω δὲ καὶ Μωσῆς μηδὲν προάγων κατὰ δὲ τοῦτον ἠκμακὼς, γένοιτ' ἂν οὖν καὶ αὐτὸς κατὰ Σεμίραμιν. Ἀλλ' ὁ μὲν ἡμέτερος λόγος (Chronicon) ἐπὶ ταύτης ἐδήλου γενέσθαι τὸν Ἀβραάμ· ὁ δὲ τοῦ φιλοσόφου παλαιότερον τὸν Μωσέα συνίστησιν, ἡ δὲ Σεμίραμις τῶν Τρωϊκῶν ὀκτακοσίοις ὅλοις ἔτεσι δείκνυται προγενομένη, καὶ Μωυσῆς ἄρα ἔσται τοσούτοις τὰ Τρωϊκὰ προάγων κατὰ τὸν Φιλόσοφον (Porphyrium). Πρῶτος δὲ βασιλεύει Ἀργείων Ἴναχος, οὔπω τότε Ἀθηναίων οὔτε τὴν πόλιν οὔτε τὴν προσηγορίαν ἐχόντων. Ὁ δὲ πρῶτος Ἀργείων ἡγεῖται κατὰ τὸν πέμπτον μετὰ Σεμίραμιν Ἀσσυρίων βασιλέα, ν΄ καὶ ρ΄ ὕστερον ἔτεσιν αὐτῆς τε καὶ Μωσέως, ἐν οἷς οὐδὲν ἐπίσημον γεγονὸς ἱστορεῖται παρ' Ἕλλησιν.

ΣΑΓΧΟΥΝΙΑΘΩΝΟΣ

ΤΑ ΦΕΡΟΜΕΝΑ.

SANCHONIATHONIS

QUAE FERUNTUR

FRAGMENTA.

ΕΥΣΕΒΙΟΥ ΚΑΙ ΦΙΛΩΝΟΣ

ΠΡΟΟΙΜΙΟΝ

ΕΙΣ ΤΑ ΣΑΓΧΟΥΝΙΑΘΩΝΟΣ.

Ἱστορεῖ δὲ ταῦτα (scil. τῶν Φοινίκων τὰ Θεολογού-
μενα) Σαγχουνιάθων ¹), ἀνὴρ παλαιότατος καὶ τῶν Τρωϊκῶν
χρόνων, ὥς φασι, πρεσβύτερος, ὃν καὶ ἐπ᾿ ἀκριβείᾳ καὶ ἀλη-
θείᾳ τῆς Φοινικικῆς ἱστορίας ἀποδεχθῆναι μαρτυροῦσι. Φίλων δὲ τούτου πᾶσαν τὴν συγγραφὴν ὁ Βύβλιος, οὐχ ὁ Ἑβραῖος, μεταβαλὼν ἀπὸ τῆς Φοινίκων γλώσσης ἐπὶ τὴν Ἑλλάδα φωνὴν ἐξέδωκε. Μέμνηται δὲ τούτων ὁ καθ᾿ ἡμᾶς τὴν
καθ᾿ ἡμῶν πεποιημένος συσκευὴν ²) ἐν τετάρτῳ τῆς πρὸς
ἡμᾶς ὑποθέσεως, ὧδε τῷ ἀνδρὶ μαρτυρῶν πρὸς λέξιν.
Ἱστορεῖ δέ· „Τὰ περὶ Ἰουδαίων ἀληθέστατα, ὅτι καὶ
τοῖς τόποις καὶ τοῖς ὀνόμασιν αὐτῶν τὰ συμφωνότατα
Σαγχουνιάθων ὁ Βηρύτιος, εἰληφὼς τὰ ὑπομνήματα παρὰ
Ἱερομβάλου ³) τοῦ ἱερέως Θεοῦ τοῦ Ἰευώ.⁴)· ὃς Ἀβιβά-

---

1) Σαγχουνιάθων] Σουνιαίθων corrupte apud Athenaeum Lib.
III. extr. De nominis etymo vide, quae paulo inferius observabimus ex
Bocharto. [O.]

2) ὁ καθ᾿ ἡμᾶς τὴν καθ᾿ ἡμῶν πεποιημένος συσκευὴν] Porphyrium
intelligit, quem expresse nominat Eusebius eadem eiusdem verba repe-
tens infra Lib. X. Cap. IX. Conf. eiusdem Hist. Eccles. Lib. VI. Cap. IX.
et Lucae Holstenii dissertationem de vita et scriptis Porphyrii Cap. X.
pag. 60. edi. Cantabrig. post Arrian. Dissert. Epictet. [O.]

3) παρὰ Ἱερομβάλου] Hierombalus, Ierubbaal, Ierubbeset eiusdem viri diversa nomina videntur Bocharto in Phaleg et Canaan Opp.
Tom. I. pag. 770. qui eundem esse putat cum Gedeone quem יְרֻבַּעַל
Ierubbaal nominatum fuisse ab Israelitis scimus ex Libro Judicum VII.
At pergit Bochartus Hierombalus sacerdos erat Dei Iao, Gedeon ne Le-
vita quidem, sed e tribu Manassis. Fateor. Sed nihil mirum ab Ethnico
homine et rerum Judaicarum non admodum perito eum haberi pro sa-

EUSEBII ET PHILONIS BYBLII

PRAEFATIO

IN SANCHONIATHONIS THEOLOGIAM

(Praeparat. Evangel. Lib. 1. Cap. VI.)

Res autem istas Sanchuniatho quidam memoriae prodidit, vir antiquissimus, quemque ante Troiana tempora floruisse, summaque cum diligentiae tum veritatis laude Phoenicum historiam scripsisse testantur. Huius opera omnia Philo, non Hebraeus ille, sed Byblius ex Phoenicum idiomate Graecam in linguam conversa vulgavit. Eiusdem quoque meminit is, qui nostra memoria opus illud adversum nos mendaciis fraudibusque textum consarcinavit, dum libro quarto ipsum huius testimonii sui praedicatione commendat. „Rerum, inquit, ad Iudaeos pertinentium historiam Sanchuniatho Berytius summa fide conscrips't, quippe quae cum eorum locis atque nominibus apprime consentiat, cum praecipua rerum illarum capita ab Hierombalo Ievi Dei sacerdote accepisset. Hoc illius opus Abibalo regi Berytiorum dedicatum, non modo rex, sed etiam ii, quorum apud

---

cerdote, qui ex hostium spoliis constituit Ephod in urbe sua, quo ad idololatriam abusi sunt Israelitae Iud. VIII. 27, qui statim post mortem Gedeonis coluerunt *Baal Berith* ibid. v. 33. At omnino deceptus videtur Bochartus similitudine vocis et Ἱερόμβαλος iste Sanchoniathonis plane diversus a Gedeone, sive Ierubbaal sacerdos quidam vel Hierophanta summi Dei Iao fuisse, quales exstitisse iam ante Abrahamum apud Cananaeos populosque finitimos novimus ab exemplo Melchisedeci regis Salem. Forte Hierombalus noster idem est, qui Porphyrio vocatur Σαυρμουβηλὸς infra. [O.]

4) τοῦ ἱερέως Θεοῦ τοῦ Ἰευώ] Theodoretus habet Ἰαώ, quod ideo praefero, quia Dei nomen ἀνεκφώνητον Graeci vix aliter efferunt. Oraculum Clarii Apollinis apud Macrob. I. Saturn. 18.

φράζεο τὸν πάντων ὕπατον Θεὸν ἔμμεναι Ἰαώ.

Clemens Alex. Strom. L. v. p. 562. ed. Sylburg. ἀτὰρ καὶ τὸ τετράγραμμον ὄνομα τὸ μυστικὸν, ὃ περιέκειτο οἷς μόνοις τὸ ἄδυτον βάσιμον

λῳ[5]) τῷ βασιλεῖ Βηρυτίων τὴν ἱστορίαν ἀναθεὶς, ὑπ᾽ ἐκείνου καὶ τῶν κατ᾽ αὐτὸν ἐξεταστῶν τῆς ἀληθείας, παρεδέχθη. Οἱ δὲ τούτων χρόνοι καὶ πρὸ τῶν Τρωϊκῶν πίπτουσι χρόνων, καὶ σχεδὸν τοῖς Μωσέως πλησιάζουσιν, ὡς αἱ τῶν Φοινίκων βασιλέων μηνύουσι διαδοχαί. Σαγχουνιάθων δὲ κατὰ τὴν Φοινίκων διάλεκτον, φιλαλήθης [6]) τὴν παλαιὰν ἱστορίαν ἐκ τῶν κατὰ πόλιν ὑπομνημάτων, καὶ τῶν ἐν τοῖς ἱεροῖς ἀναγραφῶν συναγαγὼν καὶ συγγράψας, ἐπὶ Σεμιράμεως [7]) γέγονε τῆς Ἀσσυρίων βασιλίδος, ἣ πρὸ τῶν Ἰλιακῶν, ἢ κατ᾽ αὐτούς γε τοὺς χρόνους γενέσθαι ἀναγέγραπται. Τὰ δὲ τοῦ Σαγχουνιάθωνος εἰς Ἑλλάδα γλῶσσαν ἡρμήνευσε Φίλων ὁ Βύβλιος." Ταῦτα μὲν ὁ δηλωθεὶς [8]), ἀλήθειαν ὁμοῦ καὶ παλαιότητα τῷ δὴ Θεολόγῳ μαρτυρήσας. Ὁ δὲ προϊὼν, οὐ τὸν ἐπὶ πάντων Θεὸν, οὐδὲ μὴν τοὺς κατ᾽ οὐρανὸν, θνητοὺς δὲ ἄνδρας καὶ γυναῖκας, οὐδὲ τὸν τρόπον ἀστείους, οἵους δι᾽ ἀρετὴν ἄξιον εἶναι ἀποδέξασθαι, ἢ ζηλῶσαι τῆς φιλοσοφίας, φαυλότητος δὲ καὶ μοχθηρίας ἁπάσης κακίαν περιβεβλημένους θεολογεῖ [9]), καὶ μαρτυρεῖ γε τούτους αὐτοὺς ἐκείνους εἶναι, τοὺς εἰςέτι θεοὺς παρὰ τοῖς πᾶσι νενομισμένους κατά τε τὰς πόλεις καὶ τὰς χώρας. Δέχου δὲ καὶ τούτων ἐκ τῶν ἐγγράφων τὰς ἀποδείξεις. Ὁ δὴ Φίλων εἰς ἐννέα βίβλους τὴν πᾶσαν τοῦ Σαγχουνιάθωνος πραγματείαν διελὼν, κατὰ τὸ προοίμιον τοῦ πρώτου συγγράμματος αὐτοῖς ῥήμασι προλέγει περὶ τοῦ Σαγχουνιάθωνος ταῦτα. „Τούτων οὕτως ἐχόντων ὁ Σαγχουνιάθων, ἀνὴρ πολυμαθὴς καὶ πολυπράγμων γενόμενος καὶ τὰ ἐξ ἀρχῆς, ἀφ᾽ οὗ τὰ πάντα συνέστη, παρὰ πάντων εἰδέναι ποθῶν, πολὺ φροντιστικῶς ἐμάστευε τὰ Τααύτου, εἰδὼς, ὅτι τῶν ὑφ᾽ ἡλίῳ γεγονότων, πρῶτός ἐστι

ἦν. Λέγεται δὲ Ἰαὼ, ὃ μεθερμηνεύεται ὁ ὢν καὶ ὁ ἐσόμενος · καὶ μὴν καὶ καθ᾽ Ἕλληνας θεὸς τὸ ὄνομα τετράδα περιέχει γραμμάτων.

יְהֹוָה Ἰευώ, Ἰαώ, Iehovah idem. [*Bochart.* l. l.] Conf. Scaliger in appendice ad opus de emend. temporum pag. 37. seq. et Selden. de Diis Syris. Imprimis hoc nomen apud Gentiles legimus in gemmis Abraxeis *ABPAXAΣ IAΩ*; sed sublestae fidei et a Christiano quodam e Gnosticorum coetu profectum esse hoc Apollinis Clarii oraculum pluribus docet doctissimus Iablonski in Pantheo Aegypt. Tom. I. pag. 250. seqq. Videntur itaque verba Θεοῦ τοῦ Ἰευὼ additamentum esse non Philonis Byblii, nedum Sanchoniathonis; sed ipsius Eusebii, et Hierombalum illum fuisse sacerdotem ignoti alicuius Dei apud Phoenices. [O.]

5) *Ἀβιβάλῳ*] Theodoreto perperam *Abelbalus* [*Viger*]. Est Abibalus etiam in Tyri regum serie de quo haec Diùs in historia Phoenicum

ipsum erat de scripturae veritate cognoscere, omnes comprobarunt. Atque istorum quidem aetas Troianis temporibus
antiquior proxime ad Mosen ipsum accedit, ut ex Phoeniciae Regum serie quivis auferre potest. Hic igitur Sanchuniatho, qui Phoenicia lingua veterem historiam partim ex
singularium urbium actis, partim ex templorum monumentis coagmentatam, singulari veritatis studio perscripsit, Se-
miramide, quam Iliacis temporibus vel antiquiorem vel ae-
qualem fuisse memorant, apud Assyrios regnante, vixit.
Eiusdem porro Sanchuniathonis opera Philo Byblius Graeco
sermone donavit." Haec ille, quibus istius Theologi cum
in scribendo veritatem, tum etiam vetustatem nobis testa-
tam reliquit. Verum in operis suscepti progressu non iam
Deum universi moderatorem, immo ne caeli quidem inco-
las, sed viros quosdam ac mulierculas morti obnoxios, eosque non ea morum honestate, ut propter virtutem suscipi
ac probari mereantur, aut ea praeditos sapientia, quae nos
ad ipsorum aemulationem invitet, sed omnibus flagitiis et
sceleribus coopertos nobis pro Diis obtrudit, ac simul eos
ipsos esse confirmat, qui passim etiamnum omnibus in oppi-
dis atque regionibus Deorum loco celebrantur. Quarum tu
rerum certas etiam et ex illorum scriptis accipe proba-
tiones. Philo igitur, qui Sanchuniathonis opus universum
novem in libros distribuit, ipso statim primi libri prooemio haec ad verbum de eodem auctore praefatur: „Haec
cum ita se haberent, Sanchuniatho vir in primis eruditus,
cum operam in rerum plurimarum studio posuisset, cumque gentium omnium historiam iam usque a prima universi
molitione nosse vehementer optaret, praecipuam quandam
in pervestigandis Taauti rebus diligentiam adhibuit, quod
satis intelligeret, omnium qui lucem hanc adspexerant, eum
literas principem invenisse ac scribendorum commentario-
rum auctorem fuisse: Ab illo autem auspicatum esse, quem

---

apud Iosephum contra Apionem Lib. I. Ἀβιβάλου τελευτήσαντος ὁ υἱὸς
αὐτοῦ Εἴρωμος ἐβασίλευσεν. [Bochart l. l. p. 772.]

6) κατὰ τὴν Φοινίκων διάλεκτον φιλαλήθης] Sic, ut legitur
apud Theodoretum edidi ex emendatione Bocharti Lib. 1. p. 772., qui
docet Phoenicum lingua בקנאתה Sankineatho, ad verbum lex zelus eius
significare legis seu doctrinae verioris amicum. Apud Eusebium corrupte legitur φιλαλήθως. [O.]

7) ἐπὶ Σεμιράμεως] Res perabsurda, quaeque Porphyrium arguit
rei Chronologicae fuisse plane imperitum. Quin Iliaca tempora antecessit
Semiramis annis circiter octingentis. [Bochart l. l. p. 776.]

8) ὁ δηλωθείς] Porphyrius. [O.]

9) Θεολογεῖ] h. l. i. q. Θεοὺς λέγει. [O.]

Τάαυτος ὁ τῶν γραμμάτων τὴν εὕρεσιν ἐπινοήσας, καὶ τῆς τῶν ὑπομνημάτων γραφῆς κατάρξας. Καὶ ἀπὸ τοῦδε ὥσπερ κρηπίδα βαλλόμενος τοῦ λόγου, ὃν Αἰγύπτιοι μὲν ἐκάλεσαν Θωΰθ, Ἀλεξανδρεῖς δὲ Θωθ, Ἑρμῆν δὲ Ἕλληνες μετέφρασαν. Ταῦτα εἰπὼν ἐπιμέμφεται τοῖς νεωτέροις τοῖς μετὰ ταῦτα, ὡς ἂν βεβιασμένως καὶ οὐκ ἀληθῶς τοὺς περὶ Θεῶν μύθους ἐπ᾽ ἀλληγορίας καὶ φυσικὰς διηγήσεις καὶ θεωρίας ἀνάγουσι. Λέγει δ᾽ οὖν προϊών· „Ἀλλ᾽ οἱ μὲν νεώτατοι τῶν ἱερολόγων, τὰ μὲν γεγονότα πράγματα ἐξ ἀρχῆς ἀπεπέμψαντο, ἀλληγορίας δὲ καὶ μύθους [10]) ἐπινοήσαντες, καὶ τοῖς κοσμικοῖς παθήμασι συγγένειαν πλασάμενοι, μυστήρια κατέστησαν, καὶ πολὺν αὐτοῖς ἐπῆγον τύφον [11]), ὡς μὴ ῥαδίως τινὰ συνορᾷν τὰ κατ᾽ ἀλήθειαν γενόμενα· ὁ δὲ συμβαλὼν τοῖς ἀπὸ τῶν ἀδύτων εὑρεθεῖσιν ἀποκρύφοις Ἀμμουνέων [12]) γράμμασι συγκειμέιοις, ἃ δὴ οὐκ ἦν πᾶσι γνώριμα, τὴν μάθησιν τῶν πάντων αὐτὸς ἤσκησε· καὶ τέλος ἐπιθεὶς τῇ πραγματείᾳ, τὸν κατ᾽ ἀρχὰς μῦθον καὶ τὰς ἀλληγορίας ἐκποδὼν ποιησάμενος, ἐξηνύσατο τὴν πρόθεσιν, ἕως πάλιν οἱ ἐπιγενόμενοι ἱερεῖς, χρόνοις ὕστερον ἠθέλησαν αὐτὴν ἀποκρύψαι, καὶ εἰς τὸ μυθῶδες ἀποκαταστῆσαι· ἐξ οὗ τὸ μυστικὸν ἀνέκυπτεν οὐδέπω φθάσαν εἰς Ἕλληνας.“ Τούτοις ἐξῆς φησίν· „Ταῦθ᾽ ἡμῖν εὕρηται, ἐπιμελῶς εἰδέναι τὰ Φοινίκων ποθοῦσι, καὶ πολλὴν ἐξερευνησαμένοις ὕλην, οὐχὶ τὴν παρ᾽ Ἕλλησι· διάφωνος γὰρ αὕτη καὶ φιλονεικότερον ὑπ᾽ ἐνίων μᾶλλον, ἢ πρὸς ἀλήθειαν συντεθεῖσα.“ Καὶ μεθ᾽ ἕτερα· „Οὕτως δὲ ἔχειν πεπεῖσθαι ἡμῖν παρέστη, ὡς ἐκεῖνος γέγραφε, τὴν διαφωνίαν ὁρῶσι τὴν παρ᾽ Ἕλλησι, περὶ ἧς μοι τρία πεφιλοτίμηται βιβλία τὴν ἐπιγραφὴν ἔχοντα παραδόξου ἱστορίας.“ Καὶ αὖθις μεθ᾽ ἕτερα ἐπιλέγει· „Προδιαρθρῶσαι δὲ ἀναγκαῖον πρὸς τὴν αὖθις [13]) σα-

---

10) ἀλληγορίας δὲ καὶ] δὲ e Cod. Monta. revocavi auctore Vigero. [O.]

11) καὶ πολὺν αὐτοῖς ἐπῆγον τύφον] τύφος i. q. καπνὸς vapor fumus. Sic Aurel. Antonin. Commentar. II. §. 17. τὰ μὲν τοῦ σώματος, ποταμός, τὰ δὲ τῆς ψυχῆς ὄνειρος καὶ τύφος. ubi vide Gataker qui de h. v. multus est Opp. Tom. II. pag. 58. Non igitur legendum ἐπῆγον ζόφον ut antea conjeceram. [O.]

12) ἐν ἀποκρύφοις Ἀμμουνέων γράμμασι] Ἀμμουνέων Am-

ab Aegyptiis Thoyth, ab Alexandrinis Thoth nominatum, Graeci
Ἑρμῆν hoc est Mercurium reddidere. His commemoratis
recentiores illos, qui postea emerserant, eo nomine reprę-
hendit, quod quae de Diis vulgo ferebantur, ad allegorias
nescio quas et physicas explicationes, vi facta veritati tra-
ducerent. Is ergo in progressu loquitur. „Sed enim qui
novissime rerum sacrarum disputationem attigere, cum eorum quae facta erant, ipso statim initio veritatem reiecis-
sent, allegoriis quibusdam ac fabulis excogitatis, cumque
rebus iis, quae huius universi naturam consequuntur, affinitate conficta, mysteria densis obducta tenebris institue-
runt, ne quis eorum, quae reapse gesta erant, veritatem
intueri facile posset. Ille autem cum in arcana quaedam
Ammoneorum volumina incidisset, quae ex interioribus templorum penetralibus, ubi ante iacuerant, educta cum obvia
passim non essent, omnium sententiam diligenti meditatione
quaesivit, laetumque suscepti laboris exitum consequutus,
quae in ipso aditu occurrebant fabulis cum allegoriis omnibus de medio sublatis, institutum opus suum ad perfectio-
nem maturitatemque perduxit: donec qui post illum extitere sacerdotes, idem ipsum occultare denuo atque ad pris-
carum fabularum commenta revocare postea voluissent, unde
mysticus ille sensus emersit, qui nunquam antea Graecorum
animos occuparat.“ Quibus deinceps ista subiungit: „Haec
tandem a nobis reperta sunt, cum vehementi cognoscendae
Phoenicum historiae desiderio teneremur, ac posteaquam
ingentem librorum monumentorumque sylvam cupide scru-
tati essemus, non eam tamen, quae penes Graecos erat,
quod ipsam magna cum dissensione animorum, et conten-
tionis potius, quam veritatis studio conflatam a nonnullis
esse perviderem.“ Tum quibusdam interiectis: „Ad fidem,
inquit, illis scriptis adhibendam, eo maxime quod oculis
intuemur, Graecorum scriptorum dissidio adducti sumus,
de quo tria nobis volumina, quorum iuscriptio est: *de in-
credibili historia*, studiose ac diligenter elaboravimus. Ac
rursum post alia nonnulla subdit: „Iam vero, quo illustrior
habeatur magisque distincta rei totius intelligentia, hoc

---

moneorum i. e. הַמָּנִים *ammanim*, quod alii *simulacra* exponunt, LXX
τεμένη, Hieronymus *fana* et *delubra; γράμματα Ἀμμουνέων* sunt itaque
literae templorum, literae in sacris receptae. Sic apud Aegyptios scribit
Diodorus Lib. III. τὰ μὲν δημώδη προσαγορευόμενα πάντας μανθάνειν, τὰ
δὲ ἱερὰ καλούμενα μόνους γινώσκειν τοὺς ἱερεῖς παρὰ τῶν πατέρων ἐν ἀποβ-
ῥήτοις μανθάνοντας. Plura vide apud Bochart. l. l. p. 773. [O.]

13) πρὸς τὴν αὖθις σαφήνειαν] Verte *ad rerum quae sequuntur explanationem.* [O.]

φήνειαν, καὶ τὴν τῶν κατὰ μέρος διάγνωσιν, ὅτι οἱ παλαι-
ότατοι τῶν βαρβάρων, ἐξαιρέτως δὲ Φοίνικες καὶ Αἰγύπτιοι,
παρ' ὧν καὶ οἱ λοιποὶ παρέλαβον ἄνθρωποι, θεοὺς ἐνόμιζον μεγίστους τοὺς τὰ πρὸς τὴν βιωτικὴν χρείαν εὑρόντας,
ἢ καὶ κατά τι εὐποιήσαντας τὰ ἔθνη· εὐεργέτας τε τούτους,
καὶ πολλῶν αἰτίους ἀγαθῶν ἡγούμενοι ὡς θεοὺς προςεκύ-
νουν, καὶ εἰς τὸ χρεὼν καταστάντας ναοὺς μετασκευασάμενοι
στήλας δὲ καὶ ῥάβδους ¹⁴) ἀφιέρουν ἐξ ὀνόματος αὐτῶν, καὶ
ταῦτα μεγάλως σεβόμενοι καὶ ἑορτὰς ἔνεμον αὐτοῖς τὰς με-
γίστας Φοίνικες. Ἐξαιρέτως δὲ καὶ ἀπὸ τῶν σφετέρων βασιλέων, τοῖς κοσμικοῖς στοιχείοις, καί τισι τῶν νομιζομέ-
νων θεῶν τὰς ὀνομασίας ἐπέθεσαν· φυσικοὺς δὲ ἥλιον καὶ
σελήνην, καὶ τοὺς λοιποὺς πλανήτας ἀστέρας, καὶ τὰ στοιχεῖα, καὶ τὰ τούτοις συναφῆ θεοὺς μόνους ἐγίνωσκον, ὥστ'
αὐτοὺς τοὺς μὲν θνητούς, τοὺς δὲ ἀθανάτους θεοὺς εἶναι."
Ταῦτα κατὰ προοίμιον ὁ Φίλων διαστειλάμενος, ἐξῆς ἀπάρ-
χεται τῆς τοῦ Σαγχουνιάθωνος ἑρμηνείας, ὧδέπως τὴν Φοι-
νικικὴν ἐκτιθέμενος ¹⁵) Θεολογίαν.

ΦΟΙΝΙΚΩΝ   ΘΕΟΛΟΓΙΑ

ΕΚ   ΤΩΝ   ΣΑΓΧΟΥΝΙΑΘΩΝΟΣ.

Τὴν τῶν ὅλων ἀρχὴν ὑποτίθεται ἀέρα ζοφώδη καὶ πνευματώδη, ἢ πνοὴν ἀέρος ζοφώδους ¹), καὶ χάος θολερὸν ἐρε-
βῶδες ²)· ταῦτα δὲ εἶναι ἄπειρα, καὶ διὰ πολὺν αἰῶνα μὴ
ἔχειν πέρας. "Οτε δέ, φησιν, ἠράσθη τὸ πνεῦμα τῶν ἰδίων

---

14) στήλας δὲ καὶ ῥάβδους] Scribendum videtur στήλας τε καὶ
ῥάβδους. 'Ῥάβδους Trapezuntius interpretatur statuas ligneas; Vigerus in
notis virgas. Intelligenda videntur virgulta arborum sacrarum diis de-
dicata et in sacrariis templorumque adytis reposita, qualis erat virga
Aaronis, quibus deinceps utebantur ad divinationem per sortes. Vide
inprimis Selden. de Diis Syris Syntagm. I. Cap. 2. pag. 28. ed. Beyer. [O.]

15) ἐκτιθέμενος] Mont. ἐκτιθεμένου, quod fortasse rectius, ut ad
Σαγχουνιάθωνος referatur. [Viger.]

1) ἢ πνοὴν ἀέρος ζοφώδους] His verbis putaverit quis adstrui
posse interpretationem eorum qui Genes. I. 2. verba וְרוּחַ אֱלֹהִים מְרַחֶפֶת
עַל פְּנֵי הַמַּיִם intelligunt de vehementissimo aëris subter aquas
Abyssi spirantis flatu. Sed multo verior et significantior videtur inter-

etiam ante omnia ponere nos oportet, Barbarorum antiquissimos, Phoenices imprimis et Aegyptios, a quibus caeteri deinceps populi morem illum accepere, in maximorum Deorum loco eos omnes habuisse, qui res ad vitam agendam necessaffas invenissent, quique beneficium aliquod in genus humanum contulissent. Eos nimirum, quod sibi plurimorum bonorum auctores esse persuaderent, divinis honoribus coluere; ac templorum usu, quae iam ante exstructa fuerant, hoc ad munus officiumque traducto columnas insuper virgasque ipsorum nomine consecrarunt, eaque praecipuo religionis cultu prosequuti Phoenices, festos illis quoque dies longe celeberrimos dedicarunt. In quo quidem eximium illud fuit, quod regum suorum nomina universi huius elementis, ac quibusdam eorum, quibus divinitatem ipsi tribuebant, imponerent. Naturales porro Deos, Solem, Lunam reliquasque stellas inerrantes, cum elementis ac caeteris cum iisdem affinitate coniunctis, solos ex omnibus agnoscebant, ut mortales quidem alios, alios autem immortales Deos haberent." Quibus Philo breviter in prooemio constitutis, ad Sanchuniathonis interpretationem progreditur, his verbis Phoenicum Theologiam edisserens.

PHOENICUM THEOLOGIA
EX SANCHONIATHONE.

(*Ex Eusebii Praeparat. Evangel. Lib.* 1. *Cap. X.* (*Viger.*) *VII. Trapezunt.*)

Principium huius universitatis ponit Aërem tenebrosum ac spiritu foetum, seu mavis tenebrosi aëris flatum ac spiritum, chaosque turbidum altaque caligine circumfusum. Haec porro infinita esse, nullumque nisi longo saeculorum

---

pretatio Grotii רוּחַ אֱלֹהִים reddentis ἡ δύναμις διαπλαστικὴ vel ἐνέργεια ζωτική, *die alles schaffende, alles belebende Kraft Gottes*, praesertim cum in sequentibus verbis Moses dicat: וַיֹּאמֶר אֱלֹהִים יְהִי אוֹר cum si prior interpretatio vera esset procul dubio dixisset וַיֹּאמֶר יְהֹוָה non אֱלֹהִים ad vitandam ambiguitatem. [O.]

2) χάος ἐρεβῶδες] i. e. כַּהוּת עֶרֶב *chaüt ereb* caliginem vespertinam. Res sumta ex verbis Mosis Genes. I. 2. *et fuit caligo super faciem abyssi* עֶרֶב proprie *occasus, vespera*, ut Graecorum ἔρεβος. Unde et Hesiodus Theog. 123.
'Ἐκ χάεος δ' ἔρεβός τε, μέλαινά τε νὺξ ἐγένοντο.
Quod Varro sic imitatur. *Erebo creata fuscis crinibus nox te invoco.* I. Bochart. Phaleg. et Can. II. 2. Opp. Tom. I. pag. 705.

ἀρχῶν, καὶ ἐγένετο σύγκρασις, ἡ πλοκὴ ἐκείνη ἐκλήθη πόθος ³)· αὕτη δὲ ἀρχὴ κτίσεως ἁπάντων· αὐτὸ δὲ οὐκ ἐγί-
νωσκε τὴν αὐτοῦ κτίσιν· καὶ ἐκ τῆς αὐτοῦ συμπλοκῆς τοῦ
πνεύματος ἐγένετο Μώτ. ⁴) τοῦτό τινές φασιν ἰλύ, οἱ δὲ
ὑδατώδους μίξεως σῆψιν. Καὶ ἐκ ταύτης ἐγένετο πᾶσα
σπορὰ κτίσεως, καὶ γένεσις τῶν ὅλων. Ἦν δέ τινα ζῶα
οὐκ ἔχοντα αἴσθησιν, ἐξ ὧν ἐγένετο ζῶα νοερὰ, καὶ ἐκλήθη Ζωφασημὶν ⁵), τοῦτ᾽ ἔστιν οὐρανοῦ κατόπται, καὶ ἀνε-
πλάσθη ὁμοίως ᾠοῦ σχήματι ⁶), καὶ ἐξέλαμψε Μὼτ ⁷) ἥλιός

---

3) πόθος] Videtur idem esse, qui dicitur ἔρως et tanquam prima
causa rerum omnium affertur a Mythologis Graecis v. c. Hesiod. Theog.
v. 120. ubi vide F. A. Wolf. V. 5. p. 78. De eo sic Sextus Empiric.
contra Math. IX. p. 550. κατασκευάζοντες γὰρ τὴν τῶν ὅλων γένεσιν ἔρωτα
συμπαρέλαβον, τουτέστι τὴν κινητικὴν καὶ συναγωγὸν τῶν ὄντων αἰτίαν.
Conf. Schol. ad Apollon. I. 498. [O.]

4) Μώτ] i. e. limum aut aquosae mixtionis putredinem ut ipse
noster explicat. Bochart. l. l. derivat a Phoenicum vocabulo מור mod
quod ipsorum sermone significabat materiam primam, ex qua omnia facta
sunt. Vigerus derivat ab Hebraeo מוט declinare, labi, vel etiam a מות
mori, quasi materiam mortuam, observans μοὺθ apud Aegyptios etiam matrem significasse ex Plutarcho de Iside et Osir. p. 374. Ἡ δ᾽ Ἶσις ἐστιν
ὅτε καὶ Μοὺθ καὶ πάλιν Ἄθυρι καὶ Μεθύερ προςαγορεύουσι (s. προςαγο-
ρεύεται), σημαίνουσι δὲ τῷ πρώτῳ τῶν ὀνομάτων μητέρα, τῷ δὲ δευτέρῳ
οἶκον Ὥρου κόσμιον, τὸ δὲ τρίτον σύνθετόν ἐστιν ἔκ τε τοῦ πλήρους καὶ
τοῦ αἰτίου. Conf. Iablonski in Pantheo Aegypt. Lib. III. Cap. V. Tom.
II. pag. 120. et seqq. Cumberlandus dubitans an μὼτ de prima rerum
omnium causa dici potuisset a Sanchoniathone, qui eam paulo ante no-
minaverat ἀέρα ζοφώδη καὶ πνευματώδη v. μῶτ cum Edm. Castello in Le-
xico Heptaglotto derivat ab Arabico מור macerare, aqua madefacere, ein-
weichen, ut itaque μῶτ sit i. q. limus, vel ut medici vocant mucilago,
Schleim. H. Grotius autem in Animadvv. ad libr. de Verit. Relig. Christ.
§. 16. derivat a מום, unde graecum μόθος, ut sit abyssus jam commota
i. e. ingens ἰλύς, ut in Ennii versu
            Corpore Tartarino prognata Paluda virago.
Is limus discessit deinde in tellurem ac mare. Conf. Apollon. Argon. IV.
676. ibique Scholiast. [O.]

5) Ζωφασημίν] Zophasemin i. e. coeli speculatores Hebraice dixeris צוֹפֵי הַשָּׁמַיִם tsophe samaim. Puto intelligi angelos, quia eadem
animalia describit tanquam οὐκ ἔχοντα αἴσθησιν sensus experita [Bochart].
Cumberland. intelligit de stellis inprimis errantibus, quas anima et intelligentia praeditas putarunt non solum barbararum gentium Theologi,
verum et Graecorum philosophi quidam, inprimis Stoici. Vide quae observavimus ad Arnobium Lib. I. Cap. XXXVIII. Tom. I. pag. 321. Hinc
Manilius dicit:
                    Conscia fati
            Sidera diversos hominum variantia casus.
Conf. Iust. Lips. de Physiolog. Stoic. Lib. II. Dissert. XIV. Quid quod
huic interpretationi favere videntur etiam verba sequentia καὶ ἐξέλαμψε

intervallo terminum habere. Verum ubi spiritus, inquit, amore principiorum suorum flagrare coepisset, eumque simul esset mixtio consecuta, nexum hunc mutuum Cupidinem appellarunt. Is quidem rerum omnium procreationis principium fuit. Spiritus vero suam ipsius procreationem minime agnoscebat. Ex hac illius coniunctione prodiit Mot; id quod limum nonnulli, alii aquosae mixtionis corruptionem esse volunt, ex qua sequutae productionis semina, ipsaque adeo rerum universarum generatio extiterit. Caeterum animantia quaedam erant omni sensu carentia,

---

Μῶτ, ἥλιός τε καὶ σελήνη, ἀστέρες τε καὶ ἄστρα μεγάλα. Collectores Historiae universalis Halenses (*allgemeine Weltgeschichte I. Band* pag. 29. Not. 25.) intelligunt in gen. animalia creata cum ad coeli rerumque coelestium contemplationem, tum astrorum meteorumque influxibus obnoxia. Herder V. Cl. *in Ideen zur Philosophie der Geschichte der Menschheit* Opp. Tom. II. p. 273. et Wagner in lib. *Ideen zur Mythologie der alten Welt* p. 277. intelligit *semina involuta naturarum animatarum, die schlafenden Monaden des Lebendigen und Organischen,* quae explicatio inprimis confirmatur sequentibus verbis *καὶ πρὸς τὸν πάταγον τῶν βροντῶν νοερὰ ζῶα ἐγρηγόρησεν, καὶ πρὸς τὸν ἦχον ἐπτύρη, καὶ ἐκινήθη ἐν τῇ γῇ καὶ θαλάττῃ ἄῤῥεν καὶ θῆλυ.* Kanne autem in lib. *Pantheon der ältesten Naturphilosophie* pag. 564. seq. assentiens Cumberlando intelligit stellas, vel potius stellarum deos, sive genios, *Sterngötter,* similes iis, quos Persae *Feruers* nominant. Ceterum cum his conferri merentur, quae de primis quasi hominum seminibus portentosa plane tradit Berosus in Libro I. rerum Chaldaicarum apud Georg. Syncell. p. 28. (Berosi Fragm. p. 49. ed. Richter.) *Γενέσθαι φησὶ χρόνον, ἐν ᾧ τὸ πᾶν σκότος καὶ ὕδωρ εἶναι, καὶ ἐν τούτοις ζῶα τερατώδη ἰδιοφυεῖς τὰς ἰδέας ἔχοντα ζωογονεῖσθαι· ἀνθρώπους γὰρ διπτέρους γεννηθῆναι, ἐνίους δὲ καὶ τετραπτέρους, καὶ διπροσώπους καὶ σῶμα μὲν ἔχοντας ἕν, κεφαλὰς δὲ δύο, ἀνδρείαν τε καὶ γυναικείαν, καὶ αἰδοῖα τε διττά, ἄῤῥεν καὶ θῆλυ, καὶ ἑτέρους ἀνθρώπους τοὺς μὲν αἰγῶν σκέλη καὶ κέρατα ἔχοντας, τοὺς δὲ τὰ ὀπίσω μὲν μέρη ἵππων, τὰ δὲ ἔμπροσθεν ἀνθρώπων, οὓς ἱπποκενταύρους τὴν ἰδέαν εἶναι· ζωογονηθῆναι δὲ καὶ ταύρους ἀνθρώπων κεφαλὰς ἔχοντας καὶ κύνας τετρασωμάτους, οὐρὰς ἰχθύος ἐκ τῶν ὄπισθε μερῶν ἔχοντας, καὶ ἵππους κυνοκεφάλους καὶ ἀνθρώπους καὶ ἕτερα ζῶα κεφαλὰς μὲν καὶ σώματα ἵππων ἔχοντα, οὐρὰς δὲ ἰχθύων, καὶ ἄλλα ζῶα παντοδαπῶν θηρίων μορφὴν ἔχοντα* etc. [O.]

6) *ὁμοίως ᾠοῦ σχήματι*] v. ᾠοῦ quod operarum errore excidit ex editione Eusebii Coloniensi addidi ex editione Rob. Stephani. De Diis ex ovis genitis res nota. Conf. Salmas. ad Solin. p. 199. Hug. Grot. Animadv. ad Libr. I. §. 16. de veritate religionis Christianae; Observationes nostras ad Arnob. Tom. I. pag. 317. et qui de hoc ovo mundum involvente (Weltey) multus est Jablonsky in Pantheo Aegypt. Lib. I. Cap. II. pag. 42. et seqq. Eandem de mundo ex ovo orto opinionem etiamnum valere apud Tunquinenses et Bonianos observat Dupuis in lib. *Religion universelle* Tom. I. p. 535. [O.]

7) *καὶ ἐξέλαμψε μῶτ* etc.] Vides hic ut apud Mosem lucem sole priorem. [*Grotius l. l. p. 32. ed. Koecher*]. Ex his verbis concludunt Historici Halenses Sanchoniathonem sibi finxisse terram tanquam sidus lucens sive Planetam. [O.]

τε καὶ σελήνη, ἀστέρες τε καὶ ἄστρα μεγάλα. Τοιαύτη
μὲν αὐτῶν ἡ κοσμογονία, ἀντικρὺς ἀθεότητα εἰς-
άγουσα. Ἴδωμεν δὲ ἐξῆς, ὡς καὶ τὴν ζωογονίαν
ὑποστῆναι λέγει. Φησὶν οὖν. „Καὶ τοῦ ἀέρος διαυ-
γάσαντος, διὰ πύρωσιν καὶ τῆς θαλάττης καὶ τῆς γῆς ἐγένετο πνεύματα καὶ νέφη, καὶ οὐρανίων ὑδάτων μέγισται κα-
ταφοραὶ καὶ χύσεις. Καὶ ἐπειδὴ διεκρίθη καὶ τοῦ ἰδίου
τόπου διεχωρίσθη διὰ τὴν τοῦ ἡλίου πύρωσιν, καὶ πάντα
συνήντησε πάλιν ἐν ἀέρι τάδε τοιοῖςδε⁸) καὶ συνέῤῥαξαν,
βρονταί τε ἀπετελέσθησαν καὶ ἀστραπαί, καὶ πρὸς τὸν
πάταγον τῶν βροντῶν προγεγραμμένον νοερὰ ζῶα ἐγρηγόρησεν, καὶ πρὸς τὸν ἦχον ἐπτύρη, καὶ ἐκινήθη ἔν τε γῇ καὶ
θαλάττῃ ἄῤῥεν καὶ θῆλυ.“ Τοιαύτη καὶ ἡ ζωογονία.
Τούτοις ἑξῆς ὁ αὐτὸς συγγραφεὺς ἐπιφέρει
λέγων· „Ταῦθ᾽ εὑρέθη ἐν τῇ κοσμογονίᾳ γεγραμμένη
Τααύτου καὶ τοῖς ἐκείνου ὑπομνήμασιν, ἔκ τε στοχασμῶν
καὶ τεκμηρίων, ὧν ἑώρακεν αὐτοῦ ἡ διάνοια, καὶ εὗρε καὶ
ἡμῖν ἐφώτισεν.“ Ἑξῆς τούτοις ὀνόματα τῶν ἀνέ-
μων εἰπὼν, Νότου καὶ Βορέου καὶ τῶν λοιπῶν
ἐπιλέγει. „Ἀλλ᾽ οὗτοί γε πρῶτοι ἀφιέρωσαν⁹) καὶ τῆς
γῆς βλαστήματα¹⁰), καὶ θεοὺς ἐνόμισαν, καὶ προσεκύνουν
ταῦτα, ἀφ᾽ ὧν αὐτοί τε διεγίνοντο¹¹), καὶ οἱ ἐπόμενοι,
καὶ οἱ πρὸ αὐτῶν πάντες, καὶ χοὰς καὶ ἐπιθύσεις ἐποίουν·“
καὶ ἐπιλέγει· Αὗται δ᾽ ἦσαν αἱ ἐπίνοιαι τῆς προςκυ-
νήσεως, ὅμοιαι τῶν αὐτῶν ἀσθενείᾳ καὶ ψυχῆς ἀτολμίᾳ.
εἶτα (φησὶ) γεγενῆσθαι ἐκ τοῦ Κολπία ἀνέμου¹²), καὶ γυ-

---

8) τάδε τοιοῖςδε] Legendum puto τάδε τοῖςδε. [O.]

9) ἀλλ᾽ οὗτοί γε πρῶτοι ἀφιέρωσαν καὶ τῆς γῆς βλαστή-
ματα] Quinam? Nam de Noto et Borea hoc intelligere, esset sane inep-
tissimum. Cumberlandus putat intelligendam primam hominum genera-
tionem Αἰῶνα καὶ Πρωτόγονον, de quibus in sequentibus loquitur Sanchoniathon, antegressam, (Praeadamitas quos antea dixerat νοερὰ ζῶα animalia ratione praedita.). Equidem crediderim post v. Νότου καὶ Βορέου
καὶ τῶν λοιπῶν ἐπιλέγει excidisse verba quaedam sive integra lemmata
de prima hominum generatione ad quae referenda sint sequentia. Ἀλλ᾽
οὗτοί γε πρῶτοι aut quod magis placet Sanchoniathon hos ventos tanquam personas fingit. [O.]

10) καὶ τῆς γῆς βλαστήματα] Sic et apud Aegyptios porrum et
caepe tanquam numina colebantur. Iuvenal. Sat. XV. 9,

Porrum et caepe nefas violare et frangere morsu.
O sanctas gentes, quibus haec nascuntur in hortis
Numina. [Cumberland].

quae postmodum intelligentia praeditos animantes procrearunt. Eos illi Zophasemin hoc est coeli contemplatores nominarunt, in ovi figuram conformatos. Illico autem Mot cum sole, luna, stellis, ac reliqua maiorum astrorum multitudine emicuit. *Huiusmodi a Phoenicibus mundi ortus ponitur qui omnem plane divinitatem exterminet. Iam qualis ab iisdem invehatur animalium generatio, videamus.* Sic *ergo philosophatur:* Cum igneum splendorem aër emisisset, ex ardenti maris et terrarum inflammatione, venti, nubes, magnoque ruentium impetu caelestium imbrium ac nimborum effusiones extitere: cum autem haec omnia, quae distincta paullo ante, ac propter vehementiorem solis aestum a propria sede disiuncta fuerant, in eodem rursus aëre concurrerent, atque alia cum aliis committerentur; tonitrua simul ac fulgura peperere: quorum ad tonitruum fragorem, descripti antea intellectu praediti animantes velut a somno excitati, horrendoque sonitu exterriti, mares pariter ac foeminae tam in terra quam in mari moveri coepere. *Eiusmodi est, quae ab istis somniatur, animalium generatio, quam haec eiusdem auctoris verba excipiunt.* Haec in Taauti de mundi ortu commentariis scripta reperta sunt, quae quidem ipse cum argumentis et coniecturis, quas mentis acie perviderat, excogitavit; tum eorum quoque facem nobis lumenque praetulit. *Mox Austri ac Boreae caeterorumque ventorum nominibus explicatis, ita prosequitur:* At illi omnium principes terrae germina consecrarunt, iisque Deorum in loco habitis adorationis cultum tribuerunt, quibus vitam non ipsi modo, sed ipsorum etiam posteri, maioresque omnes tolerarunt, inferiasque ac libamina perfecerunt. Atque hae divini cultus cogitationes, inquit, cum

---

11) ἀφ' ὧν αὐτοί τε διεγίνοντο] Verte: *quibus ipsi vitam sustentabant, womit sie sich durchs Leben halfen.* [O.]

12) ἐκ τοῦ Κολπία ἀνέμου] Ventus ille *Colpia* idem est quod קוֹל - פִּי - יָה col - pi - iah, *vox oris Dei,* cuius inspiratione et verbo factus est homo. [*Bochart l. l.*] Conf. Hug. Grot. de verit. Rel. Christ. Lib. I. §. 16. Not. 1. Bochartum refutare conatur Cumberland. explicans v. Κολπίας ventum ἐκ κόλπου ex cavernis prorumpentem; nec sacri quid putat inesse syllabae finali ια, sed ut ab ἔτος ἐτησίας, ab ὄρνις ὀρνιϑίας, sic derivari a κόλπος κολπίας. Cum Bocharto tamen facit Fourmont in l. l. *Réflexions critiques sur l'Histoire des anciens peuples* T. I. L. II. C. 5. p. 16. Conf. Cassel. Animadv. ad germ. versionem libri Cumberlandiani pag. 233. Colpiam ventum Wagnerus l. l. p. 272. comparat cum φϑᾶς, Noctem sive Βααὺ cum Iside Athor, Uliginem sive Μὼτ cum Neitha, Protogonum tandem cum Phanete Aegyptiorum. [O.]

ναιχὸς αὐτοῦ Βάαυ [13]), τοῦτο δὲ νύχτα ἑρμηνεύειν [14]), Αἰῶνα καὶ Πρωτόγονον [15]) θνητοὺς ἄνδρας, οὕτω καλουμένους,
εὑρεῖν δὲ τὸν Αἰῶνα [16]) τὴν ἀπὸ τῶν δένδρων τροφὴν· ἐκ
τούτων τοὺς γενομένους κληθῆναι Γένος καὶ Γενεὰν [17]),
καὶ οἰκῆσαι τὴν Φοινίκην, αὐχμῶν δὲ γενομένων τὰς χεῖρας
ὀρέγειν εἰς οὐρανοὺς πρὸς τὸν ἥλιον. τοῦτον γάρ, φησι,
θεὸν ἐνόμιζον μόνον οὐρανοῦ κύριον, Βεελσάμην [18]) κα-
λοῦντες, ὅ ἐστι παρὰ Φοίνιξι κύριος οὐρανοῦ, Ζεὺς δὲ
παρ᾽ Ἕλλησι." Μετὰ ταῦτα πλάνην Ἕλλησιν αἰ-
τιᾶται λέγων. Οὐ γὰρ ματαίως αὐτὰ πολλαχῶς δις-

---

13) Βάαυ] Puto legendum Βάαυτ᾽, et τ finale excidisse propter alterum τ sequens in voce τοῦτο. Βάαυτ, בות, Phoenicibus noctem fuisse
puto, quia בות but est pernoctare et בותא bauta noctua. Scribitur et
בית ut Dan. VI. 18. Verbum est familiare Chaldaeis, Syris et Arabibus.
בהוּ bohu quod huc afferunt (Grotius cum Iosepho Scaligero in Notis ad
Appendicem Operis de Emendatione Temporum p. 27.) aliud est, nempe
vacuum, inane. [Bochart l. l.]

14) τοῦτο δὲ νύχτα ἑρμηνεύειν] Haud absimile figmentum legimus apud Aristophanem in Avibus v. 694. seqq. quod Grotius haustum
existimat e traditione Phoenicum, quibuscum vetus Atticae incolis Ionum
antiquissimis commercium:

Χάος ἦν καὶ νὺξ Ἔρεβός τε μέλας πρῶτον καὶ Τάρταρος εἰρύς.
Γῆ δ᾽ οὐδ᾽ ἀὴρ, οὐδ᾽ οὐρανος ἦν. Ἐρέβου δ᾽ ἐν ἀπείρασι κόλποις
Τίχτει πρώτιστον ὑπηνέμιον νὺξ ἡ μελανόπτερος ὤον.
Ἐξ οὗ περιτελλομέναις ὥραις ἔβλαστεν Ἔρως ὁ ποθεινός,
Στίλβων νῶτον πτερυγοῖν χρυσαῖν, εἰκὼς ἀνεμώδεσι δίναις.
Οὗτος δὲ χάει πτερόων μιχθεὶς νυχίᾳ, κατὰ Τάρταρον εὐρὺν·
Ἐνεόττευσεν γένος ἡμέτερον καὶ πρῶτον ἀνήγαγεν ἐς φῶς
Πρότερον δ᾽ οὐκ ἦν γένος ἀθανάτων πρὶν Ἔρως συνέμιξεν ἅπαντα
Ξυμμιγνυμένων δ᾽ ἑτέρων ἑτέροις γίνετ᾽ οὐρανὸς ὠκεανός τε.
Καὶ γῆ, πάντων τε θεῶν μακάρων γένος ἄφθιτον.

Hesiodus etiam omnium rerum principium noctem statuit Theogon. §. 123.

Ἐκ χάεος δ᾽ Ἔρεβός τε μέλαινά τε νὺξ ἐγένοντο
Νυκτὸς δ᾽ αὖτ᾽ Αἰθήρ τε καὶ Ἡμέρη ἐξεγένοντο.

Simile Aegyptiorum nec non Orphicorum dogma, de quo multus est doctissimus Jablonski in Pantheo Aegypt. Tom. I. p. 11. et seqq. [O.]

15) Αἰῶνα καὶ Πρωτόγονον] Πρωτόγονος primogenitus i. e.
Adam אדם, Αἰών est חוה Chavva, Eva, vita. Hos itaque mortalium primos repertores fructus arborum statuit Sanchoniathon secutus
procul dubio narrationem Mosaicam de arbore vetita. Etiam in antiquissimis Graecorum mysteriis acclamatum Εὖα simulque monstratus serpens. [Grotius l. l. p. 58. Conf. Cumberl. p. 241. et Hist. univers.
Hal. Tom. I. p. 180. Not.] Wagnerus autem in Protogono agnoscit
Phanetem Aegyptiorum i. e. lucem primogenitam in Aeone, tempus quod
definitur cursu siderum coelestium. Ideen zur Mythologie p. 279. Sed
de hominibus ita dictis sermonem esse apertissime indicant verba θνητοὺς ἄνδρας οὕτω καλουμένους. [O.]

illorum inbecillitate animique angustiis congruebant. Tum
scribit, ex, Colpia vento, atque eius uxore Baau, quam
Graeci *νύκτα*, h. e. noctem interpretantur, Aeonem ac Pri-
mogenitum, mortales ambo procreatos, Aeonemque cibi ex
arboribus petendi auctorem fuisse: qui ab illis geniti sint,
eos Genus ac Progeniem appellatos, Phoenicen incoluisse,
cumque vehementior aestus urgeret, in caelum manus ad
solem sustulisse. Quippe Deum hunc unum caeli moderatorem esse credebant eumque propterea Beelsamen, i. e.
Phoenicum lingua, caeli dominum, Graeca vero *Δία* i. e.
Iovem, nominabant. *Deinceps Graecorum his verbis tra-*

---

16) *εὑρεῖν δὲ τὸν Αἰῶνα*] Legendum esse *τὴν Αἰῶνα* probant
Cumberland. et Fourmont. Librarium *τὸν Αἰῶνα* scribentem decepit fortasse sequens *θνητοὺς ἄνδρας*, quod autem dictum pro *θνητοὺς ἀνθρώπους*.
Fortassis tamen retinendum Masculinum *τὸν αἰῶνα*, si verum est quod
Demascius de Principiis in I. Ch. Wolfii Anecdotis Graecis Tom. III.
pag. 260. ex Mocho Phoenice refert: *Αἰθὴρ ἦν τὸ πρῶτον καὶ ἀὴρ. αἱ δύο
αὗται* (Iablonski mavult *αὐτοῦ* scil. *Μόχου) ἀρχαὶ ἐξ ὧν γεννᾶται Οὐλωμὸς
ὁ νοητὸς θεός*, ut *Αἰθὴρ* idem sit quod ventus Colpias apud Sanchoniathonem. In *Οὐλωμὸς* autem agnoscit Iablonski in Pantheo Aegypt. Tom.
I. p. 12. Hebr. עוֹלָם i. e. *αἰῶνα* aevum. [O.]

17) *Γένος καὶ Γενεὰν*] *Γένος* esse Cainum a קָנָה *acquisivit,*
comparavit, deinde etiam *procreavit* unde קָנִיתִי אִשׁ apud Mosen IV. 1.
קַיִן quod Iosephus interpretatus est *κτῆσιν, Anwachs, Gewinst; Γενεὰν*
vero significare uxorem Caini (ut apud Latinos *Caius, Caia* i. e. uxor
Caii) suspicantur Cumberland. p. 247. et ex eo Historici Halenses. T. I,
§. 195. [O.]

18) *Βεελσάμην*] *Beelsamen* i. e. בַּעַל שָׁמַיִן *Dominus Coelorum.*
Plautus in Poenulo A. et. V. Scen. II. Punice scribit *Balsamen.* Ita enim
Augustinus Quaest. ad Iudices Cap. XVI. [*Bochart l. l.*] Iovem Tyrii
et Sidonii vocabant בַּעַל quem Graeci vertunt *Belum.* Neque vero hunc
distinguunt a Belo Babylonio. Est autem בַּעַל commune multorum Deorum Tyriorum, Sidoniorum et Ammonitarum cognomen; (unde multis
בְּעָלִים Baalibus servisse dicuntur Hebraei.) Siquidem omnis Deus apud
illos vocabatur בַּעַל, sed cum attributo ut בַּעַל שָׁמַיִם Dominus coeli dicebatur illis qui Graecis *Ζεὺς.* Sed Hebraei *χλευαστικῶς* illum בַּעַל זְבוּב
Beelzebub Dominum muscae vocabant, ut illis mos est Gentium Deos
nunquam suo nomine appellare, sed abominationem aut aspernamentum.
Sic pro Bethel dixerunt Bethawen; pro domo Dei, ut vocabatur a Sama-
ritis, dicebant domum vanitatis. [*Scaliger Append. ad libr. de Emendd.
temp. pag.* 26.] Conf. Selden. de Diis Syris Syntagm. II. Cap. 1. pag.
141. ed. Beier. Ceterum in iis quae h. l. de coeli domino sive sole a
primis hominibus culto refert Sanchoniathon, mihi videtur suo more
corrupisse narrationem Mosaicam de Setho Adami filio, verba Genes. IV.
ult. הוּחַל לִקְרֹא בְּשֵׁם יְהוָה אָז quae Moses de Iehovae unius et veri
Dei intelligit, accipiens tantum de Solis adoratione vel de progressu a
cultu arborum et plantarum, de quo in praecedentibus dixerat, ad solis
astrorumque cultum, a Fetischismo ad Sabaeismum. [O.]

στειλάμεϑα, ἀλλὰ πρὸς τὰς αὖϑις παρεκδοχὰς τῶν ἐν τοῖς πράγμασιν ὀνομάτων ¹⁹), ἅπερ οἱ Ἕλληνες ἀγνοήσαντες ἄλλως ἐξεδέξαντο, πλανηϑέντες τῇ ἀμφιβολίᾳ τῆς μεταφράσεως. Ἑξῆς φησιν ἀπὸ γένους Αἰῶνος καὶ Πρωτογόνου γενηϑῆναι αὖϑις παῖδας ϑνητούς, οἷς εἶναι ὀνόματα Φῶς καὶ Πῦρ καὶ Φλόξ. ²⁰) οὗτοί, φησιν, ἐκ παρατριβῆς ξύλων εὗρον πῦρ, καὶ τὴν χρῆσιν ἐδίδαξαν. Υἱοὺς δὲ ἐγέννησαν οὗτοι μεγέϑει τε καὶ ὑπεροχῇ κρείττονας· ὧν τὰ ὀνόματα τοῖς ὄρεσιν ἐπετέϑη, ὧν ἐκράτησαν, ὡς ἐξ αὐτῶν κληϑῆναι τὸ Κάσιον²¹), καὶ τὸν Λίβανον καὶ τὸν Ἀντιλίβανον, καὶ τὸ Βραϑύ²²). Ἐκ τούτων, φησιν, ἐγεννήϑησαν Μημροῦμος καὶ ὁ Ὑψουράνιος²³). ἀπὸ μητέρων δέ, φησιν, ἐχρημάτιζον τῶν τότε γυναικῶν ἀναίδην μισγομένων οἷς ἂν ἐντύχοιεν²⁴). Εἶτά, φησι, τὸν Ὑψουράνιον οἰκῆσαι Τύρον, καλίβας τε ἐπινοῆσαι ἀπὸ καλάμων καὶ ϑρίων καὶ παπύρων²⁵)· στασιάσαι δὲ πρὸς τὸν ἀδελφὸν Οὔσωον²⁶), ὃς σκέπην τῷ σώματι πρῶ-

---

19) παρεκδοχὰς τῶν ἐν τοῖς πράγμασιν ὀνομάτων] Vigerus in notis interpretatur: nominum alias ex aliis significationes. Potius: derivationes nominum in rebus ipsis sitorum vel derivationes nominum ex rebus ipsis ut mox φῶς καὶ πῦρ καὶ φλὸξ de hominibus attritu lignorum ignem excitantibus, eiusque usum docentibus. [O.]

20) φῶς καὶ πῦρ καὶ φλόξ] Cumberlandus agnoscit in his nominibus voces Hebraicas אוֹר, בְּעֵר, לְהָבִים. [O.]

21) τὸ Κάσιον] Sic legendum esse pro Κάσσιον cum σ simplici docent Salmasius ad Sportiani Hadrianum Cap. XIV. Wesseling. ad Antonin. Itiner. pag. 152. et Iablonski in Opusculis Tom. I. pag. 301. ed. te Water. Intelligit scil. Casium montem Syriae inter Seleuciam et Antiochiam situm de quo Plinius Hist. Nat. V. 21. Super Seleuciam mons Casius cuius excelsa altitudo quarta vigilia orientem per tenebras solem adspicit, brevi circumactu corporis diem noctemque pariter ostendens et Dionysius Perieg. Coelesyriam duo montium cacumina finire §. 901. dixit

Ἑσπερίου Κασίον καὶ ἠῴον Λιβάνοιο.

Eratosthenes apud Strabonem I. pag. 49. Τήν τε Αἴγυπτον τὸ παλαιὸν ϑαλάττῃ κλύζεσϑαι μέχρι τῶν ἑλῶν τῶν περὶ τὸ Πηλούσιον, καὶ τὸ Κάσιον ὄρος, καὶ τὴν Σερβωνίδα λίμνην. Conf. Bernhardi Eratosthenea p. 46. Plura vide ap. Cellar. Geograph. Antiq. Lib. III. Cap. XII. Tom. II. pag. 412. seq. Ab his itaque montibus dictos homines nomina traxisse existimo quia in speluncis eorum habitabant. [O.]

22) καὶ τὸ Βραϑύ] Hoc nomen frustra quaesivi apud Geographos. Videtur fuisse appellatio montis alicuius Syriae vel Arabiae desertae ubi Berathena urbs memoratur a Ptolemaeo. [O.]

23) ἐγεννήϑησαν Μημροῦμος καὶ ὁ Ὑψουράνιος] Pro uno eodemque habet Bochartus in Phaleg et Canaan Lib. II. Cap. II. pag. 706. legens ἐγεννήϑη Σαμημροῦμος ὁ καὶ Ὑψουράνιος, voce Σαμρημοῦμος

ducit errorem Neque enim sine ratione pluribus ista modis explicate distinguenda putavimus, sed varias hac etiam in parte nominum quae rebus attribuuntur rationes ac significationes secuti sumus, quae Graeci homines cum ignorarent, alieno sensu accepere, in errorem ambiguitate significationis inducti. Porro ex genere Aevi et Primogeniti natos ait esse liberos morti similiter obnoxios, eosque Lucis, Ignis et Flammae nominibus appellatos, qui cum ignem ex mutua lignorum collisione reperissent, eiusdem usum homines docuerint. Iidem filios genuere, qui mole ac proceritate corporis vulgus hominum longe superarent, quorum nomina montibus iis attributa sunt, quos ipsi prius occuparant. Quare montes Cassius, Libanus, Antilibanus et Brathyus ab illis nomen accepere. Caeterum ab iis Memrumus et Hypsuranius procreati sunt: qui a matribus eiusmodi appellationes invenere, mulierculis, inquam illis, quae sui copiam eo tempore obvio cuilibet impudentissime faciebant. Iam vero Hypsuranium in insula Tyro domicilium suum collocasse, ac tuguriorum ex calamis cum iunco pa-

---

composita ex שָׁמַיִם coeli et רוּם *altitudo.* (Sed obstat huic coniecturae sequens ἐχρημάτιζον nisi legere malimus ἐγεννήθησαν Μημρουμος ὁ καὶ Ὑψουράνιος, καὶ Οὔσωος quem paulo inferius fratrem appellat Hypsuranii.) Bocharto adstipulatur Ios. Scaliger de Emend. Temp. Append. pag. 38. scribens: Μημρουμος id est Ὑψουράνιος a מִמָּרוֹבְנִים ἀνέκαθεν, nec non Cumberland. pag. 257. vers. Germ. Cassel. qui derivat a רוּם *altitudo* et מַיִם ut sit *aqua ex altitudine, aqua superne defluens* i. e. genus sublime, coeleste. Ὑψουράνιος est itaque Graeca interpretatio vocis Μημρουμος. [O.]

24) ἀπὸ μητέρων δέ, φησιν, ἐχρημάτιζον τῶν τότε γυναικῶν ἀναίδην μισγομένων οἷς ἂν ἐντύχοιεν] Quis non agnoscat in his verbis traditionem Mosaicam de Nephilim sive Gigantibus ex connubiis filiorum coeli cum filiabus hominum i. e. ut recentiores explicant posterorum. Sethi cum posteris Caini procreatis. Genes. VI. 1. 2. [O.]

25) καλύβας τε ἐπινοῆσαι ἀπὸ καλάμων etc.] Eiusmodi tuguria describit Vitruvius de Architect. Lib. II. Cap. I. *Nonnulli ex ulva palustri compónunt tuguria tecta.* [O.]

26) Οὔσωον] Esavum agnoscit Scaliger in Append. p. 38. his verbis: „Manifesto depravarunt historiam Esau, qui corpore hirsutus erat. Nam Οὐσωὸς sive Οὐδὼ est עֵשָׂו *Esau*" At vet bene observat Cumberlandus Usous hic cum quinta a Protogono generatione ponatur a Sanchoniathone, non potuit esse nepos Abrahami nati vigesima tertia demum a primo homine generatione. Suspicatur itaque intelligendum hominem quendam antediluvianum ex stirpe Caini sic appellatum a עוּז *robur* quod nomen posterioribus temporibus inditum etiam filio Arami (a quo Aramaei) cuius meminit Moses Genes. X. 23. et Fl. Iosephus Ant. Lib. I. Cap. VI., Οὔσον vocans, qui Trachonitidem et Damascum condidit. [O.]

τος ἐκ δερμάτων ὧν ἴσχυσε συλλαβὼν θηρίων εὗρε· ῥαγ-
δαίων δὲ γενομένων ὄμβρων καὶ πνευμάτων, παρατριβέντα
τὰ ἐν τῇ Τύρῳ δένδρα πῦρ ἀνάψαι, καὶ τὴν αὐτόθι ὕλην
καταφλέξαι· δένδρου δὲ λαβόμενον τὸν Οὔσωον καὶ ἀπο-
κλαδεύοντα, πρῶτον τολμῆσαι εἰς θάλατταν ἐμβῆναι, ἀνιερῶσαι δὲ δύο στήλας πυρί τε καὶ πνεύματι²⁷), καὶ προσκυ-
νῆσαι, ἅμα δὲ σπένδειν αὐταῖς ἐξ ὧν ἤγρευε θηρίων²⁸).
Τούτων δὲ τελευτησάντων, τοὺς ἀπολειφθέντας φησὶ ῥάβδους αὐτοῖς ἀφιερῶσαι, καὶ τὰς στήλας προσκυνεῖν, καὶ
τούτοις ἑορτὰς ἄγειν κατ᾽ ἔτος. Χρόνοις δὲ ὕστερον πολλοῖς
ἀπὸ τῆς Ὑψουρανίου γενεᾶς²⁹) γενέσθαι Ἀγρέα καὶ Ἁλιέα,
τοὺς ἁλιείας καὶ ἄγρας εὑρετὰς, ἐξ ὧν κληθῆναι ἀγρευτὰς
καὶ ἁλιεῖς³⁰)· ἐξ ὧν γενέσθαι δύο ἀδελφοὺς, σιδήρου εὑρετὰς, καὶ τῆς τούτου ἐργασίας· ὧν θάτερον τὸν Χρυσώρ³¹)
λόγους ἀσκῆσαι, καὶ ἐπῳδὰς καὶ μαντείας³²)· εἶναι δὲ τοῦτον τὸν Ἥφαιστον εὑρεῖν δὲ καὶ ἄγκιστρον καὶ δέλεαρ καὶ
ὁρμιὰν καὶ σχεδίαν³³)· πρῶτόν τε πάντων ἀνθρώπων πλεῦ-

---

27) ἀνιερῶσαι δὲ δύο στήλας πυρί τε καὶ πνεύματι] Aërem
et ventos divino cultu honoratos ab Assyriis et populis Africae mariti-
mis docet nos Iulius Firmicus de errore profan. relig. p. 9. ed. Ouzel.:
*Assyrii et pars Afrorum aërem ducatum habere elementorum volunt et
hunc imaginata figuratione venerantur.* Igni quoque honores divinos
tribuisse Carthaginienses Phoenicum colonos docet ignis ille sempiternus
in templo Herculis Gaditani quem exstinguere piaculum erat. Vide
Creutzer Symbolik II. 240. et Münter in libello doctissimo *Religion der
Carthager* pag. 49. et 61. [O.]

28) ἅμα δὲ σπένδειν αὐταῖς ἐξ ὧν ἤγρευε θηρίων] Sanguine
scil. ferarum quas venando ceperat cippos hos aspergebat Usous, ut
bene explicat Cumberland. αὐταῖς scil. στήλαις tanquam imaginibus ignis
et aëris. [O.]

29) χρόνοις δὲ ὕστερον πολλοῖς ἀπὸ τῆς Ὑψουρανίου γε-
νεᾶς] Cumberlandus interpretatur: *multos post annos ab Hypsuranio
genitos quos in sequentibus nominat Venatorem et Piscatorem* vivente
scil. etiamnum Hypsuranio longaevo ut homines antediluviani. Sic apud
Mosen Iared 162. aetatis anno genuit Enochum, Methusala 187. anno
aetatis Lamechum. [O.]

30) ἀπὸ τῆς Ὑψουρανίου γενεᾶς γενέσθαι Ἀγρέα, καὶ
Ἁλιέα τοὺς ἁλιείας καὶ ἄγρας εὑρετὰς, ἐξ ὧν κληθῆναι
Ἀγρευτὰς καὶ Ἁλιεῖς] Graeca haec sunt interpretamenta Nominum
Syrophoenium. Profecto ita Hebraice esset וַעֲלִיוֹן הוֹלִיד אֶת צֵיד
וְצִידוֹן וּמֵהֶם יִקְרְאוּ צֵידָן וְצִידֹנִים. *Elion genuit Said et Sidon,
unde dicti Sidones et Sidonii.* Nam *Sidonis* appellatio et Piscationis et
Venationis quoque est. Saidan et Sidon alterum Syrorum et Arabum,
alterum Hebraeorum verbum. Alibi tamen dicit Philo noster: Ἀπὸ δὲ
Πόντου γίνεται Σιδὼν, ἡ καθ᾽ ὑπερβολὴν εὐφωνίας πρώτη ὕμνον ᾠδῆς εὗρε.

pyroque contextis efficiendorum artem excogitasse, gravesque cum Usoo fratre inimicitias exercuisse tradit. Ac princeps quidem pellibus, quas feris ab se captis detraxerat, corpus tegere Usous instituit: cumque turbulenta imbrium ventorumque tempestate coorta, ex Tyri arborum collisione ignis exarsisset, arbore cuius ante ramos amputarat, navigii loco mari sese, nullo licet exemplo, committere ausus est. Geminos quoque cippos cum igni ventoque dedicasset, mox utrique adorationis cultum exhibuit, quosque venando ceperat ferarum sanguinem libavit. Posteaquam autem supremum isti omnes diem obiissent, qui superstites, inquam remansere, virgas ac cippos in eorum honorem consecratos adorarunt, festosque dies solenni ritu quotannis peregerunt. At vero multis post seculis, ex illius Hypsuranii sobole Venator et Piscator nati sunt, qui piscationis ac venationis artem invenere, ac toti piscatorum venatorumque nationi suum postea nomen indidere. Ab iisdem fratres procreati duo, qui ferrum ac multiplicem ferri usum reperere. Quorum alter Chrysor nomine, quem Vulcanum esse ait, plurimum operae ac studii partim in eloquentia, partim in cantionibus ac divinandi artibus collocavit. Is etiam ha-

---

Ita non sibi constat. Huc pertinent verba Hieronymi in Ezechielem: *In Hebraico verius positum est universi Sidonii, quod nos venatores vertimus iuxta illud quod scriptum est: Anima mea erepta est sicut passer de laqueo venantium, pro quo in Hebraico positum est Sidoniorum.* Sed in Psalmo CXXIV. 7, quem locum habebat in animo haec scribens Hieronymus, non legitur SIDONIM, sed יוֹקֵשׁ *Auceps.* Videmus tamen Sidonim etiam de venatoribus sumi ut apud Philonem Bybliensem. [*Scaliger de Emendd. temp. Append. p. 35.*]

31) τὸν χρυσώρ --- εἶναι δὲ τοῦτον τὸν Ἥφαιστον] Vulcani Nomen Chrysor Phoenicibus erat. חֹרֵשׁ אוּר *chores ur* id est πυριτεγνίτης qui ignis opera metalla fabricat in quasvis formas; Πυρίτην appellat Lucianus in libro de sacrificiis. [*Bochart. pag. 706.*] Apud Aegyptios autem vocabatur Phthas. Vide doctiss. Iablonski in Pantheo Aegypt. Lib. I. Cap. II. pag. 42. seqq. Cumberland. χρυσώρ derivat a חָרַז *charaz, acriter egit, concidit, acuit,* inde χρυσός *aurum cusum in bracteas, geschlagnes beschnittnes Gold.* Apud Mosen Gen. IV. 22. ferri cudendi inventio adscribitur Tubalcaino filio Lamechi et Zillae. Σίλλα δὲ ἔτεκε τὸν Θόβελ, καὶ ἦν σφυρόκοπος χαλκεὺς χαλκοῦ καὶ σιδήρου. [O.]

32) λόγους ἀσκῆσαι καὶ ἐπῳδὰς καὶ μαντείας] Videntur itaque Phoenices uni suo Chrysor attribuisse omnes artes quas Graeci tribus Diis Vulcano, Mercurio et Apollini. Ἐπῳδαὶ sunt h. l. incantationes Magicae. Sed quia ἐπῳδαὶ i. e. curationes per Carmina Magica infra adscribuntur Cabiris, Cumberlandus legisse videtur ᾠδάς intelligens cantum in gen. vel Musicam imprimis instrumentalem cuius inventor Mosi Gen. IV. 21. dicitur יוּבָל *Iubal,* filius Lamechi et Adae. Sic enim LXX. καὶ ὄνομα ἀδελφῷ αὐτοῦ (Ιωβὲλ Iabali) Ἰουβάλ. οὗτος ἦν ὁ καταδείξας ψαλτήριον καὶ κιθάραν. [O.]

33) εὑρεῖν δὲ καὶ ἄγκιστρον καὶ δέλεαρ καὶ ὁρμιὰν καὶ

σαι³⁴)· διὸ καὶ ὡς θεὸν αὐτὸν μετὰ θάνατον ἐσεβάσθησαν³⁵)· καλεῖσθαι δὲ αὐτὸν καὶ Διαμίχιον³⁶). Οἱ δὲ τοὺς ἀδελφοὺς αὐτοῦ τοίχους φασίν ἐπινοῆσαι ἐκ πλίνθων· μετὰ ταῦτα ἐκ τοῦ γένους τούτου γενέσθαι νεανίδας δύο, καλεῖσθαι δὲ αὐτῶν τὸν μὲν Τεχνίτην³⁷), τὸν δὲ Γήϊνον Αὐτόχθονα³⁸). Οὗτοι ἐπενόησαν τῷ πηλῷ τῆς πλίνθου συμμιγνύειν φορυτὸν³⁹) καὶ τῷ ἡλίῳ αὐτοὺς τερσαίνειν, ἀλλὰ καὶ στέγας ἐξεῦρον. Ἀπὸ τούτων ἐγένοντο ἕτεροι, ὧν ὁ μὲν Ἀγρὸς ἐκαλεῖτο, ὁ δὲ Ἀγρούηρος ἢ Ἀγρότης ⁴⁰), οὗ καὶ ξόανον ⁴¹) εἶναι μάλα σεβάσμιον καὶ ναὸν ζυγοφορούμενον ⁴²) ἐν Φοινίκῃ· παρὰ δὲ Βυβλίοις ⁴³) ἐξαιρέτως θεῶν ὁ μέγιστος ὀνομάζεται·

σχεδίαν] Nil hic de retibus. Num inventio hami et lineae piscatoriae recentior erat piscatione cum retibus? quam attribuisse videtur Sanchoniathon fratribus illis quos paulo ante vocabat Ἰγρία καὶ Ἀλιέα. Σχεδία est itaque h. l. navis minor piscatoria, *Kahn*, ut bene reddidit Wagner. [O.]

34) πρῶτόν τε πάντων ἀνθρώπων πλεῦσαι] remis scil. et velis utentem. Nam primus in lintere sive robore excavato mari caecoque verborum impetui sese commisit Usous, cuius paulo superius meminit Sanchoniathon. [O.]

35) διὸ καὶ ὡς θεὸν αὐτὸν μετὰ θάνατον ἐσεβάσθησαν] Primum hoc ἀποθεύσεως exemplum agnoscit Cumberland. Nam honores, quos supra Hypsuranio et Usoo tribuerunt eorum posteri, fuerunt honores non Diis sed hominibus de patria sua bene meritis vel heroibus tributi. Conf. Hist. Universal. Halens. Tom. I. pag. 182. not. ult. [O.]

36) καλεῖσθαι δὲ αὐτὸν καὶ Διαμίχιον] Mont. legit Δία μειλίχιον, quod rectius videtur, nisi forte malis Δία μύχιον. Si enim Chrysor iste Phoenicius idem et Vulcanus erat et Iupiter quidni etiam Ζεὺς τις μύχιος? Antris enim ille bonus faber ἐμφιλοχωρεῖ. [*Viger*] Δία μίχιον Iovem machinatorem tuetur Bochart p. 706. quia מֵחִי *mechi* Hebraeis est *machina*. Vide Ezechiel. XXVI. 9. [O.]

37) τὸν μὲν Τεχνίτην] Respondere videtur Hebraico מלאכי *malachi* a מלאכה *Malaca*, *artificium* [Cumberland].

38) Γήϊνον Αὐτόχθονα] i. e. אדם *Adumum* qui solus vere γήϊνος et αὐτόχθων i. e. ex ipsa terra natus, quod et Hebraeo nomine significatur. Nec mirum Adami formationem alieno loco referri a scriptore fabuloso qui omnia involvit. [*Bochart p. 706.*] Mihi aliud videntur significare haec Epitheta, nimirum non hominem e terra genitum Adamum, quem supra in prima generatione posuit Sanchoniathon vocans Πρωτόγονον, sed potius hominem firmo domicilio, quod sibi ex luto lateribusque sole coctis exstruebat, patrio solo quasi affixum, ut opponatur vel Nomadibus vel etiam iis qui, ut Tyri conditores supra memorati, levia tantum tuguria e calamis iunco papyroque contexta inhabitabant. Infra etiam habemus alium Ἐπίγειον ἢ Αὐτόχθονα quem postea vocabant Οὐρανόν. [O.]

39) φορυτόν] Intelligo paleas Haerisel quas luto, quo lateres conficiebantur, addebant firmandi causa. Similia tradit Vitruvius Lib. II.

mum atque escam, piscatorum lineam, ac tumultuarias rates invenit, primusque mortalium omnium navigavit. Quamobrem eum quoque post obitum instar Dei coluerunt, ipsumque praeterea Diamichii nomine appellarunt, nec desunt etiam, qui ab eiusdem fratribus struendorum ex lateribus murorum ac parietum rationem excogitatam esse velint. Ab eiusdem posteris geniti adolescentes duo, quorum unus Artifex, alter vero terrestris Indigena nuncupatus. Hi quisquiliarum cum lateritio luto miscendarum, utriusque vero solis calore exsiccandi et tectorum aedibus imponendi auctores fuere. Alios item duos procrearunt, quorum unus Agri alter Rustici sive Agricolae nomen accepit. Et huic quidem simulacrum eximio cultu dedicatum est, addito

---

Cap. I. de Massiliensibus. *Non minus etiam Massiliae animadvertere possumus sine tegulis subacta cum paleis terra tecta.* Pro αὐτοὺς τερσαίνειν Vigerus in marg. habet αὐτὰ τερσαίνειν quod magis placet, ut referatur ad πηλον πλίνθον et φορυτόν. [O.]

40) ὧν ὁ μὲν Ἀγρὸς ἐκαλεῖτο, ὁ δὲ Ἀγρούηρος ἢ Ἀγρότης] Fallitur auctor cum vocem Phoeniciam ‏חַוְא‎ vertit ἄγρον aut ἀγρότην. Totidem quidem iisdemque literis scribitur nomen Dei, quot et quibus ager, sed puncto tantum et vocali alterum ab altero distinguitur; ‏שַׁדַּי‎ enim (significans *validissimum, omnipotentem* ut Arabice شَدِيدٌ *robustum*) Deus est aut Dei Epitheton. At ‏שָׂדַי‎ est ἀγρὸς quod dictum (plurali numero) pro ‏שָׂדֶה‎ ut Threnorum IV. et Psalm. XCVI. Itaque hunc ‏שָׂדַי‎ perperam ἄγρον aut ἀγρότην vocat. [*Scaliger. Append. ad Emend. Temp. Not. pag. 38. et Bochart p. 706.*] Loquitur quidem Philo sive Sanchoniathon de duobus diis agricolis similibus Pani Pali et Sylvano, sed confundit alterum cum θεῷ μεγίστῳ Bybliorum vel ‏שַׁדַּי‎ Hebraeorum. Ἀγρούηρος Cumberlando idem videtur esse cum Aegyptiorum Deo qui Ἀρούηρις vocatur et inter ἐπαγομένων ἡμέρων praesides refertur a Plutarcho de Isid. et Osir. Scaliger de Emend. temp. pag. 195. pro Anubi habet. [O.]

41) ξόανον] statuam e ligno excisam intelligit Cumberland. [O.]

42) ζυγοφορούμενον] Quod in fano portatili circumferretur adumbratum est ex arca foederis, (quae plaustro imposita trahebatur a duabus vaccis lactentibus,) quamque malo suo experti sunt ipsi Phoenices et Gazaei. Manifesta enim apparent vestigia veritatis obscuratae in historia VI. Cap. II. Samuel. Itaque Iosephus τὴν σκηνὴν συμπερινοστοῦντα καὶ μεταφερόμενον ναὸν vocat. Idem ergo et de arca dici potest. Ferculo quoque τὸν Δία Ἡλιουπολίτην circumlatum auctor Macrobius qui idem est Deus cum hoc Phoenicio. [*Scaliger Append. p. 38.*] Similiter circumvehebatur tabernaculum Deorum Molochi et Remphanis teste Stephano Protomartyre in Act. Apost. VII. 43. Καὶ ἀνελάβετε τὴν σκηνὴν τοῦ Μολὸχ καὶ τὸ ἄστρον τοῦ Θεοῦ ὑμῶν Ῥεμφὰν, τοὺς τύπους, οὓς ἐποιήσατε προσκυνεῖν ὑμᾶς. [*Cumberl.*]

43) παρὰ δὲ Βυβλίοις] Sic reposui e Vigeri correctione certissima pro παρὰ δὲ βιβλίοις (quod de libris Phoenicum sacris perperam intelligit Cumberlandus.) Imo παρὰ Βυβλίοις apud *Byblienses* Stephanus

ἐπενόησαν δὲ οὗτοι αὐλὰς προστιθέναι τοῖς οἴκοις, καὶ περιβόλαια καὶ σπήλαια· ἐκ τούτων ἀγρόται καὶ κυνηγοί⁴⁴). Οὗτοι δὲ Ἀλῆται καὶ Τιτάνες⁴⁵) καλοῦνται. Ἀπὸ τούτων γενέσθαι Ἄμυνον καὶ Μάγον⁴⁶), οἱ κατέδειξαν κώμας καὶ ποίμνας⁴⁷). Ἀπὸ τούτων γενέσθαι Μισὼρ καὶ Συδὺκ⁴⁸), τούτεστιν εὔλυτον καὶ δίκαιον· οὗτοι τὴν τοῦ ἁλὸς χρῆσιν εὗρον. Ἀπὸ Μισὼρ Τάαυτος, ὃς εὗρε τὴν τῶν πρώτων στοιχείων γραφήν· ὃν Αἰγύπτιοι μὲν Θωὼθ⁴⁹), Ἀλεξανδρεῖς δὲ Θωὼθ, Ἕλληνες δὲ Ἑρμῆν ἐκάλεσαν· ἐκ δὲ τοῦ Συδὶκ, Διόσκουροι ἢ Κάβειροι ᾧ Κορύβαντες ἢ Σαμοθρᾶκες⁵⁰).

___

Byzantius. Βύβλος — πόλις Φοινίκης ἀρχαιοτάτη πασῶν, Κρόνου κτίσμα, ἀπὸ Βύβλης τῆς Μιλήτου θυγατρὸς (Adonidi sacra teste Strabone Lib. XVI.) τὸ ἐθνικὸν Βύβλιος καὶ Βυβλίας. [O.]

44) κυνηγοί] Canum in venando usum recentiorem itaque facit Sanchoniatho ipsa venatione, cujus inventorem supra appellavit Usoum. Nec etiam in historia vel Nimrodi vel Esavi apud Mosen ullum canum venatoriorum vestigium. Graeci inventionem venationis per canes attribuerunt inter Deos Apollini et Dianae, inter homines Chironi. Xenophon de Venat. I. init. Τὸ μὲν εὕρημα θεῶν Ἀπόλλωνος καὶ Ἀρτέμιδος ἄγρας καὶ κύνες ἔδοσαν καὶ ἐτίμησαν τούτῳ χείρωνα διὰ δικαιότητα. [O.]

45) Ἀλῆται καὶ Τιτάνες] Sic interpretatus est Philo Byblius nomina Phoenicia qui interciderunt. Ἀλῆται errones bene de venatoribus montes saltusque peragrantibus. Planetas intelligit Wagnerus putans Sanchoniathonem significare his nominibus sidera a Phoeniciis culta quod autem alienissimum est a mente auctoris. Τιτάνες Etymologicum Magnum derivat a ταίνω, τιταίνω arcum scil. quod venatorum est. [O.]

46) Ἄμυνον καὶ Μάγον] In Ἀμύνῳ latere significationem Dei alicuius Averrunci suspicatur Cumberland. Non homines singulares sed ordines et classes, in quas homines et populi antiquitus dividebantur, agnoscit in his vocabulis Wagner. p. 294. et quidem in Ἀμύνῳ ordinem agricolarum et militum (den Nähr- und Wehrstand) in Μάγῳ ordinem sacerdotum (den Lehrstand, die Priesterkaste). [O.]

47) οἱ κατέδειξαν κώμας καὶ ποίμνας] Mosi Gen. IV. 20. primus auctor rei pastoritiae et vitae Nomadicae dicitur יָבָל Iabal filius Lamechi et Adae. Καὶ ἔτεκεν Ἀδὰ τὸν Ἰωβήλ. οὗτος ἦν ὁ πατὴρ οἰκούντων ἐν σκηναῖς κτηνοτρόφων. Ita LXX. [O.]

48) Μισὼρ καὶ Συδύκ] Misor Syris est ܡܶܐܫܰܪ Mesoro solutas behende ut vertit Wagner, Sydyk Hebr. צַדִּיק saddik, justus. [Bochart]. In Μισὼρ Grotius de Verit. Relig. Christ. Lib. I. §. 16. not. p. 75. ed. Koecher agnoscit מִצְרַיִם probante Wagnero p. 252. filium Chami cuius mentio fit Genes. X. 6, unde Mesori sibi ipsis et accolis ii qui Graecis Aegyptii, et mensis apud eos nomen Μισρί. Cedreno terra Aegyptia Μίστρα vel ut in edit. Parisiensi Μιστραία. In Συδύκ idém Grotius ad Hebr. VII. invenit Melchisedecum, quem Cumberlandus eundem esse putat cum Semo Noachi filio. Ridicule sane. Qui enim Abrahamus foedus ferire potuisset cum homine ante diluvium nato, qui (ut ipse fatetur Cumberland.) ad minimum attingere debuisset 534. aetatis annum?

quoque in Phoenice templo, quod ab aliquot iugatorûm
boum paribus gestabatur: quin etiam in veterum libris deorum maximus elogio plane singulari nominatur. Ambo
praeterea construendis aedibus non solum atria, verum
etiam ducta in orbem septa cum speluncis addidere. Ab
iis tam agricolarum quam venatorum, qui canibus uteren-
tur, genus propagatum. Iisdem Erronum ac Titanum at-
tributum nomen. Filios reliquere Amynum et Magum, quibus villarum gregumque alendorum rationes feruntur acce-
ptae. Ex istis nati Misor ac Sydyc, hoc est solutu facilis
ac iustus, qui salis usum reperere. Misor filium Taautum
habuit, primorum in scribendo elementorum inventorem

Wagner. in v. Συδὺκ agnoscit non hominem quendam, sed per Allego-
riam nominis legum iudiciorumque vel in gen. rei civilis institutionem,
bürgerliche Ordnung, Gerechtigkeitspflege. [O.]

49) Θ ω ώ ϑ] Ita Mont. pro Θωώρ recte. Tametsi permutata hic Aegyptiorum et Alexandrinorum Nomina videri possint. Supra enim in
prooemio Thoyt Aegyptiis, Thoth vero Alexandrinis tribuerat; hic contra. [*Viger.*] Ceterum de hoc Taauto vel Thoto locus classicus est
Platonis in Phaedro Cap. 59. ubi Socrates: Ἤκουσα τοίνυν παρὰ Ναυ-
κράτιν τῆς Αἰγύπτου γενέσθαι τῶν ἐκεῖ παλαιῶν τινα θεῶν, οὗ καὶ τὸ ὄρ-
νεον ἱερόν, ὃ δὴ καλοῦσιν Ἶβιν· αὐτὸ δὲ ὄνομα τῷ δαίμονι εἶναι Θεῦθ·
τοῦτον δὲ πρῶτον ἀριθμόν τε καὶ λογισμὸν εὑρεῖν καὶ γεωμετρίαν καὶ ἀστρο-
νομίαν, ἔτι δὲ καὶ πεττείας τε καὶ κυβείας, καὶ δὴ καὶ γράμματα. Conf.
Iablonsky Panth. Aegypt. P. III. p. 157. *Creutzer Symbolik* I. p. 363.
seqq. Cumberlando Thot ille idem esse videtur qui Manethoni et Era-
tostheni dicitur Athotus, filius Menis primi regis Aegyptiorum. [O.]

50) Διόσκουροι ἢ Κάβειροι ἢ Κορύβαντες ἢ Σαμοθρᾶ-
κες] Cabiri, Dioscuri, Corybantes saepissime confusi ab antiquis. *Κά-*
βειροι כָּבִיר propr. Phoenicium nomen, quod Graeci vertunt Θεοὶ μεγα-
λοὶ, Θεοὶ δυνατοὶ *dii potentes.* Vid. Varron. de L. Lat. IV. 10. vel etiam
a חָבַר *consociavit,* inde חָבֵר socius et חֲבֵרִים *consociati* conf. Iudic.
XX, 11. quasi *Dii Consentes.* Vide Appendicem nostrum ad Arnobium
pag. 46. Phoenicii eorum cultum accepere ab Aegyptiis apud quos iisdem fuisse videntur cum Θεοῖς ἐπαγομένων ἡμερῶν. Vide supra Not. 39.
A Phoeniciis eorum cultus transiit ad eorum colonos Carthaginienses.
Vide *Münter Religion der Carthaginienser* Cap. VII. p. 87. ed. 2. Numero erant VII. inter quos auctore Mnasea ap. Schol. Apollon. Rhod. I,
917. eminent nomina Ἀξίερος (Δήμητηρ) Ἀξιοκέρσα (ἡ Περσεφόνη) Ἀξιοκέ-
ρος (ὁ Ἀΐδης) ὁ δὲ προστιθέμενος τέταρτος Κάσμιλος Ἑρμῆς ἐστιν. Conf.
Sturz V. Cl. ad Pherecyden. pag. 152. et seqq. Dupuis in l. l.
Origine de tous les cultes Tom. II. pag. 102. ex Hesychio et Etymol.
M. addit et alia nomina *Salaminus*, *Kelmis*, *Damnameneus et Aomon*
quae videntur esse Epitheta sociorum Vulcani. Unus etiam *Sadik* vocatus
a Phoenicibus dicitur progenuisse Dioscuros, qui etiam inter Cabiros
relati colebantur a Phoenicibus tanquam Dii navigantium tutelares, quod
docet nummus antiquus apud Pellerin Melanges de diverses Medailles
Tom. I. Paris 1765. N. 77. ubi Castor et Pollux cum inscriptione ΘΕΩΝ
ΚΑΒΕΙΡΩΝ ΣΥΡΙΩΝ. Notissimus Cabirorum cultus μυστεριώδης in
Insula Samothrace; unde Sanchoniathoni vel potius Philoni Byblio dicti
Σαμοθρᾶκες. Eorum Ministri sive Sacerdotes in Samothrace dicti *Κο-*

Οὗτοί, φησι, πρῶτοι πλοῖον εὗρον⁵¹). Ἐκ τούτων γεγόνασι
ἕτεροι, οἱ καὶ βοτάνας εὗρον⁵²), καὶ τὴν τῶν δακετῶν ἴασιν
καὶ ἐπῳδάς. κατὰ τούτους γίνεταί τις Ἐλιοῦν καλούμενος
Ὕψιστος⁵³), καὶ θήλεια λεγομένη Βηρούθ, οἱ καὶ κατώ-
κουν περὶ Βύβλον, ἐξ ὧν γεννᾶται Ἐπίγειος ἢ Αὐτόχθων,
ὃν ὕστερον ἐκάλεσαν Οὐρανόν⁵⁴)· ὡς ἀπ᾽ αὐτοῦ καὶ τὸ ὑπὲρ
ἡμᾶς στοιχεῖον, δι᾽ ὑπερβολὴν τοῦ κάλλους ὀνομάζειν οὐρανόν. Γεννᾶται δὲ τούτῳ ἀδελφὴ ἐκ τῶν προειρημένων, ἢ
καὶ ἐκλήθη Γῆ, καὶ διὰ τὸ κάλλος ἀπ᾽ αὐτῆς, φησίν, ἐκάλεσαν τὴν ὁμώνυμον γῆν. Ὁ δὲ τούτων πατὴρ ὁ Ὕψιστος
ἐκ συμβολῆς θηρίων τελευτήσας ἀφιερώθη, ᾧ καὶ χοὰς καὶ
θυσίας οἱ παῖδες ἐτέλεσαν. Παραλαβὼν δὲ ὁ Οὐρανὸς τὴν
τοῦ πατρὸς ἀρχήν, ἄγεται πρὸς γάμον τὴν ἀδελφὴν Γῆν,

ῥύβαντες qui cum ipsis Cabiris confusi a nostro. Plura de diis Cabiris
vide ap. Creutzer Symbolik II. p. 285. Guthberleth in Libro de Mysteriis Cabirorum, St. Croix über die alten Mysterien et inprimis Schelling
V. Cl. in libello doctissimo über die Gottheiten von Samothrake. Dioscuros Sanchoniathonis non esse Graecorum Castores sed multo antiquiores ἄνακες dictos (Hebraeorum Enakim gigantes) quorum Nomina
Tritopatreus, Eubulcus et Dionysos deinceps celebrabantur in Bacchicis
Mysteriis, opinatur Wagner. Ideen zur Mythologie pag. 290. seq. [O.]
    51) οὗτοι πρῶτοι πλοῖον εὗρον] i. e. primi maiorem navem
omnibus numeris absolutam fabricati sunt, sie haben zuerst die Kunst
ein ganzes Schiff zu bauen erfunden. Tres itaque navigationis invento-
res memorantur a Sanchoniathone; Usoüs primus in robore excavato.
mare intrans; Chrysor sive Ἥφαιστος remis et velis usus et inventor
naviculae piscatoriae; tandem Cabiri. [O.]
    52) οἱ καὶ βοτάνας εὗρον] Puto intelligi Esmun הׁשׁמׁוׁנׁיׁ Aes-
culapium Graecorum a Phoeniciis et Carthaginiensibus cultum, quem
octavum addiderunt VII. Cabiris. Vide Münter Religion der Carthaginienser p. 91. ed. 2. quem tamen noster infra dicit e Sydyc e Titanidum aliqua progenitum. [O.]
    53) Ἐλιοῦν καλούμενος Ὕψιστος] Eliun i. e. עׁלׁיׁוׁןׁ excelsus
vel summus. Eius uxor Βηρούθ i. e. בׁרׁיׁתׁ Berith Dea de qua in sacris
literis mentio Iud. VIII. 33. Hinc Poeni quemvis suorum coelitum
vocabant: Alonim valonuth (vide Plauti Poenul.) i. e. עׁלׁוׁנׁיׁםׁ וׁעׁלׁוׁנׁוׁתׁ
superos superasque; et Sisenna ad illum locum adnotaverat Alon
lingua Punica esse Deum. [Vide Scaliger Append. de Emend. temp.
p. 30. Bochart p. 707. et Selden. de Diis Syris Proleg. Cap. II. et pag.
90.] Sed in loco citato Iudicum בׁרׁיׁתׁ בׁעׁלׁ ap. LXX. Βάαλ Βεριθ
(quasi Ζεὺς ὅρκιος Deus Fidius) videtur esse Dei Nomen non Deae. Vide Winer V. Cl. Biblisches Realwörterbuch v. Baal. In᾽ Ἐλιοῦν Noachum agnoscit
Cumberland. inepte. Gosselin in l. l. l'antiquité devoilée au moyen de la
Genèse Ἐλιοῦν habet pro summo Deo Hebraeorum Iehovah qui cum uxore
sua Βηρούθ i. e. creatione genuerit Coelum et Vestam sive terram. [O.]

quem Aegyptii Thoot, Alexandrini Thoyt, Graeci Mercurium nominarunt. Ex Sydyc vero Dioscuri seu Cabiri, seu Corybantes, seu denique Samothraces originem. accepere. Hos quoque navigium primos excogitasse ferunt. Ab iis procreati alii, qui non herbas modo, sed etiam venenatorum morsuum curationem et cantiones invenere. Eorundem aetate natus est Eliun quidam nomine Altissimus, itemque foemina Beruth appellata. Hi loca Byblo vicina tenuerunt ac Terrestrem quendam sive Indigenam Coelum postea nuncupatum genuere, a quo etiam illud sublime elementum, quod supra nos volvitur, propter eximiam pulchritudinis ac formae speciem coelum vocarunt. Is sororem habuit iisdem parentibus natam, cui nomen Terra, quod propter singularem eius corporis venustatem cum ea, quam terram vocamus, postea communicarunt. Parens autem illorum Altissimus, cum ferarum congressione periisset, Deorum in numerum est relatus, quem libationibus ac sacrificiis liberi coluere. At Coelus ubi paternum in imperium suc-

---

Hic, ut opinatur Cumberlandus, finiuntur tempora antediluviana apud Sanchoniathónem. Diluvii ipsius nulla mentio, quam inventam quidem in Sanchoniathonis historia eius Excerptor sive Epitomator Philo Bybliensis videtur omisisse, Cosmogoniam scil. et Theologiam Phoenicum non autem temporum eorum historiam daturus. Cumberlandus autem et cum illo Historici Halenses opinantur, ipsum Sanchoniathonem consulto omisisse mentionem diluvii, ut scil. illud tanquam divinam idolatriae cui ipse addictus erat poenam aeterno obliteraret silentio, ideoque pia quadam fraude usum extremae scil. lineae stemmatis Cainitarum quod finitur nominibus Amyni et Magi, quorum genus funditus perierat in diluvii fluctibus, uno tenore addentem Misor et Sydyk qui erant e Noachi progenie. Sed haec sunt mera somnia. In sequentibus Phoenicum Mythos cum Mythis Graecorum a Philone mire confusos reperies. [O.]

54) ὃν ὕστερον ἐκάλεσαν Οὐρανὸν etc. etc.] Ridicula est Cumberlandi opinio, in Nominibus "Ὕψιστος, Οὐρανός, Γῆ. etc. ironiam latere, quasi dicere voluisset Sanchoniathon, hos homines, qui nihil erant nisi αὐτόχθονες vel ἐπίγειοι, quosque tanquam veri Dei cultores ex stirpe Noachi odio habebat, fastu ac superbia elatos ob insignem corporis venustatem sese comparasse cum coelo stellato et terra frugifera, immo "Ὕψιστον illum a feris laniatum divinos sibi cultus arrogasse. Ceterum in Οὐρανῷ, quem hominem Sanchoniathon post diluvium natum Hesiodus autem Deorum antiquissimum dicit e Terra procreatum Theogon. v. 126.
  Γαῖα δέ τοι πρῶτον μὲν ἐγείνατο ἶσον ἑαυτῇ
  Οὐρανὸν ἀστερόενθ', ἵνα μὲν περὶ πάντα καλύπτοι —
incipit demum Graecorum Mythologia. Apollodorus Bibl. init. Οὐρανὸς πρῶτος τοῦ παντὸς ἐδυνάστευσε κόσμου. Ceterum cum Sanchoniathone plane consentiunt, quae ex Diodoro et Evhemero tradit Eusebius Praep. Evang. II. 2. pag. 60.- ed. Viger. μετὰ ταῦτα φησὶ (Εὐήμερος) πρῶτον Οὐρανὸν βασιλέα γεγονέναι, ἐπιεικῆ τινα ἄνδρα καὶ εὐεργίτην καὶ τῆς τῶν ἄστρων κινήσεως ἐπιστήμονα, ὃν καὶ πρῶτον θυσίαις τιμῆσαι τοὺς Οὐρανίους θεοὺς (i. e. solem ac stellas) διὸ καὶ Οὐρανὸν προσαγορευθῆναι, υἱοὺς δὲ αὐτῷ γενέσθαι ἀπὸ γυναικὸς Ἑστίας Πᾶνα καὶ Κρόνον· θυγατέρας δὲ 'Ρέαν καὶ Δήμητραν. Conf. Dupuis l'Origine de tous les cultes Tom. I. p. 134. seq. [O.]

καὶ ποιεῖται ἐξ αὐτῆς παῖδας δ΄, Ἴλον τὸν καὶ Κρόνον [55]), καὶ Βέτυλον [56]), καὶ Δαγὼν, ὅς ἐστι Σίτων [57]), καὶ Ἄτλαντα [58]), καὶ ἐξ ἄλλων δὲ γαμετῶν ὁ Οὐρανὸς πολλὴν ἔσχε γενεάν· διὸ καὶ χαλεπαίνουσα ἡ Γῆ [59]), τὸν Οὐρανὸν ζηλοτυποῦσα ἐκάκιζεν, ὡς καὶ διαστῆναι ἀλλήλων. Ὁ δὲ Οὐρανὸς ἀποχωρήσας αὐτῆς, μέτα βίας, ὅτε καὶ ἐβούλετο [60]) ἐπιὼν καὶ πλησιάζων αὐτῇ πάλιν ἀπηλλάττετο, ἐπεχείρει δὲ καὶ τοὺς ἐξ αὐτῆς παῖδας διαφθείρειν· τὴν δὲ Γῆν ἀμύνεσθαι πολλάκις, συμμαχίαν αὐτῇ συλλεξαμένην· Εἰς ἄνδρας δὲ προελθὼν ὁ Κρόνος Ἑρμῇ τῷ τρισμεγίστῳ συμβούλῳ καὶ βοηθῷ χρώμενος· (οὗτος γὰρ ἦν αὐτοῦ γραμματεὺς,) τὸν πατέρα Οὐρανὸν ἀμύνεται, τιμωρῶν τῇ μητρί. Κρόνου δὲ γίνονται παῖδες Περσεφόνη καὶ Ἀθηνᾶ. Ἡ μὲν οὖν πρώτη πάρθενος ἐτελεύτα [61])· τῆς δὲ Ἀθηνᾶς γνώμῃ [62]) καὶ Ἑρ-

---

55) Ἴλον] i. e. אֵל El Deus fortis. Ita Κρόνον Saturnum vocatum a Phoeniciis docent haec Damascii verba apud Photium Cod. CCXLII. Φοίνικες καὶ Σύροι τὸν Κρόνον Ἤλ καὶ Βὴλ καὶ Βολάθην ἐπονομάζουσιν. [Bochart. pag. 707.] idem qui מֹלֶךְ Moloch apud Carthaginienses Deus Solis teste Servio ad Aen. I. 735. Conf. Münter Religion der Karthager. p. 7. ed. 2. Cronum hunc Chamum sive Hamum fuisse filium Noachi patrem Canaani Cumberlandus probare studet ex verbis Eupolemi apud Euseb. Praeparat. Evangel. IX. 17. πρῶτον γενέσθαι Βῆλον, ὃν εἶναι Κρόνον, ἐκ τούτου γενέσθαι Βῆλον καὶ Χανάαν, τοῦτον δὲ Χανάαν γενέσθαι πατέρα τῶν Φοινίκων· τούτου δὲ Χοὺμ υἱὸν γενέσθαι, ὃν ὑπὸ τῶν Ἑλλήνων λέγεσθαι Ἀσβολον, πατέρα δὲ Αἰθιόπων, ἀδελφὸν δὲ τοῦ Μεζραεὶμ, πατρὸς Αἰγυπτίων. [O.]

56) Βέτυλον] Βέτυλ est בֵּית אֵל Et melius scriberetur βαῖτυλ Ita scil. vocabant Deos quos specie lapidis adorabant. Noster infra Ἔτι δὲ ἐπενόησε θεὸς Οὐρανὸς Βαιτύλια λίθους ἐμψύχους μηχανησάμενος. [Scaliger Append. p. 39.] Sed vide quae infra annotabimus ad locum citatum. [O.]

57) Δαγὼν ὅς ἐστι Σίτων] „Deceptus est Philo in hoc nomine. Nam aliud est דָּגוֹן Δαγὼν, aliud דָּגָן σῖτος, frumentum. Dagon enim, ut Iudaei etiam narrant, sculpebatur forma piscis (דָּג piscem significante) nos autem scimus τὴν Δερκετὼ Syrorum Deam (quae Syris Atergata, unde locus in Syria Atergation II. Maccab. XII. 26.) sculpi solitam, superne mulierem, inferne piscem. Melius igitur τὸν Δαγῶνα Ἰχθυῶνα quam σίτωνα vertisset." Haec summus Scaliger in. Append. Operis de emendatione Temporum p. 39. quae ad verbum pene exscripserunt Bochart. p. 707. et Seldenus de Diis Syris p. 189. ed. Beier. Sed ut bene observat Beierus in Addit. p. 298. apud Azotenses sive Asdodaeos saltem Dagon ille cultus esse videtur tanquam Deus segetum tutelaris (ut Ζεὺς ἀρότριος apud Graecos) quod colligitur ex muribus aureis ipsi dicatis, ut scil. mures ab agris arceret, ne ipsis nocerent. Vide I. Sam. V. 4. Conf. Iahn. Archaeol. Bibl. III. 508. et Winer V. D. Biblisches Realwörterbuch v. Dagon. Vere igitur Sanchoniathon sive Philo Deum hunc vocare potuit Σίτωνα, quid quod ipse noster infra: Ὁ δὲ Δαγὼν ἐπειδὴ

cessisset, Terram sororem matrimonio secum iunxit, ex
eaque liberos quatuor suscepit, Ilum qui Saturnus dictus
est, Betylum, Dagonem, qui Sito, hoc est frumenti prae-
ses nominatur, et Atlantem. Ex aliis autem uxoribus ingentem liberorum multitudinem genuit, id quod adeo grave
et acerbum Terrae accidit, ut zelotypia vehementiore suc-
censa, abs Coelo multis ante probris onerato divortium fecerit. Coelus autem, etsi ab ea discesserat, vi tamen quo-
ties libitum erat, eadem oppressa, domum sese denuo re-
cipiebat. Verum quod susceptos ex ipsa filios interficere
conaretur, Terra convocatis auxiliaribus copiis, eius impe-
tum saepe propulsabat. Interea Saturnus, ubi virilem aeta-
tem attigisset, Mercurii Trismegisti, qui ipsi a tabulis et
codicillis erat, consilio atque opibus, maternas ulturus in-
iurias, Coelo patri sese acriter obiecit. Idem liberos procreavit: Proserpinam et Minervam; ac prior quidem virgo

---

εὗρε σἴτον καὶ ἄροτρον, ἐκλήθη Ζεὺς ἀρότριος. Conf. *Dupuis l'Origine
de tous les cultes* Tom. II. pag. 208. seq. [O.]

58) καὶ Ἄτλαντα] Atlas hic fortasse non alius est a celebratissimo
eius nominis rege Mauritaniae. Quid enim prohibet quo minus credamus Phoenicem hunc coloniam duxisse in Mauritaniam, praesertim cum
videamus Carthaginienses esse Phoenicum colonos, imo et Gaditanos?
Quorum colonia ab Hercule Tyrio. Nam columnas Herculis non alius
esse quam Tyrii etiam judicium est gravissimi scriptoris Strabonis. Atque idem ipsa Gadium appellatio arguit. Nam Graece est Γάδειρα a
גְּדֵר gader, cuius foemininum גְּדֵרָה gedera hoc est *sepimentum*, ut
etiam Solinus exponit Cap. XXVI. cum quo consentiunt Avienus Perieges.
     Poenus namque locum Gadir vocat undique septum
et Hesychius Γάδειρα τὰ περιφράγματα. Φοίνικες. [*G. I. Voss. de Idololatr. Lib. I. Cap. XXII. pag.* 63.]

59) διὸ καὶ χαλεπαίνουσα ἡ Γῆ etc. etc.] Maximam hic in
Sanchoniathonis Mythologia discrepantiam videmus a Mythologia Graecorum. In hac enim qui Urani sive Coeli ac Telluris nomina legerit,
quid aliud existimet, quam vocabula haec non ad mortuos, sed dunta-
xat ad partes naturae pertinere? At longe aliter res habet, sive cum
Sanchoniathone existimemus vocabula Coeli et Telluris prius hominum
fuisse, postea autem esse in honorem eorum naturae partibus attributa
quibuscum colerentur, sive, quod non paullo mihi verosimilius videtur,
prius Coeli et Telluris nomen mundanis partibus conveniat: postea autem cum simili homines cultu dignari vellent, obliterato veteri defun-
ctorum nomine, nomen iis impositum sit partium naturae, quo et nomine et cultu convenirent. [*Idem p. l.*]

60) ὅτε καὶ ἐβούλετο] *quotiescunque volebat*, *so oft er nur
wollte.* [O.]

61) ἡ μὲν οὖν πρώτη πάρθενος ἐτελεύτα] Hoc est quod
Graeci dicunt a Plutone raptam fuisse Proserpinam. [O.]

62) τῆς δὲ Ἀθηνᾶς γνώμῃ] Quinque Minervas statuerunt veteres.
Arnobius Lib. IV. Cap. XIV. *Sed et Minervae, inquiunt, sicut Soles*

μοῦ κατεσκεύασε Κρόνος ἐκ σιδήρου ἅρπην καὶ δόρυ[63]·
εἶτα ὁ Ἑρμῆς τοῖς τοῦ Κρόνου συμμάχοις λόγους μαγείας[64])
διαλεχθεὶς πόθον ἐνεποίησε τῆς κατ᾽ Οὐρανὸν μάχης ὑπὲρ
τῆς Γῆς, καὶ οὕτω Κρόνος τὸν Οὐρανὸν πολέμῳ συμβαλὼν
τῆς ἀρχῆς ἤλασε[65]) καὶ τὴν βασιλείαν διεδέξατο. ἑάλω δὲ
ἐν τῇ μάχῃ καὶ ἡ ἐπέραστος τοῦ Οὐρανοῦ σύγκοιτος[66]) ἐγκύ-
μων οὖσα, ἣν ἐκδίδωσιν ὁ Κρόνος εἰς γάμον τῷ Δαγῶνι·
τίκτει δὲ παρὰ τούτῳ, ὃ κατὰ γαστρὸς ἐξ Οὐρανοῦ ἔφερεν,
ὃ καὶ ἐκάλεσε Δημαροῦν[67]). Ἐπὶ τούτοις ὁ Κρόνος τεῖχος
περιβάλλει τῇ ἑαυτοῦ οἰκήσει, καὶ πρώτην πόλιν κτίζει τὴν
ἐπὶ Φοινίκης Βύβλον[68]). Μετὰ ταῦτα τὸν ἀδελφὸν τὸν
ἴδιον Ἄτλαντα ὑπονοήσας ὁ Κρόνος, μετὰ γνώμης τοῦ Ἑρμοῦ εἰς βάθος γῆς ἐμβαλὼν κατέχωσε[69]). Κατὰ τοῦτον χρόνον οἱ ἀπὸ τῶν Διοσκούρων σχεδίας καὶ πλοῖα συνθέντες,
ἔπλευσαν[70]). καὶ ἐκκριφέντες κατὰ τὸ Κάσσιον ὄρος νάον
αὐτόθι ἀφιέρωσαν. Οἱ δὲ σύμμαχοι Ἴλου τοῦ Κρόνου
Ἐλοεὶμ[71]) ἐπεκλήθησαν, ὡς ἂν Κρόνιοι, οὗτοι ἦσαν οἱ λε-

---

et Mercurii quinque sunt, ex quibus prima non virgo sed ex Vulcano
Apollinis procreatrix. Nili altera proles et quae esse perhibetur Aegyptia, Sais. Stirps Saturni tertia est et quae usum excogitavit armo-
rum. Iovis quarta progenies, quam Messenii Coryphasiam nuncupant:
et quae Pallantem occidit patrem incestorum appetitorem est quinta.
[Ubi vide quae observavimus Tom. II. p. 210. seq. Tertiae Saturniae,
quam coluisse videntur Phoenices, meminit etiam Iul. Firmicus de Errore Profan. Relig. Cap. XVII. p. 436. ed. Gronov.] Tertia vero (Minerva) patre Saturno genita est. Sed hanc viraginem fuisse confirmant:
nam nunquam se intra foeminei sexus verecundiam tenuit, sed arma
strepitumque pugnarum et cruenta secuta est studia bellorum. Nomen
autem Minervae apud Phoenices erat Ὄγκα. Stephanus Byzantius ex Eu-
phorione Ὄγκα ἡ Ἀθηνᾶ κατὰ Φοίνικας. Conf. qui de hoc vocabulo
multus est Selden. de Diis Syris Syntagm. II. Cap. IV. pag. 219. ed.
Beyer. [O.]

63) κατεσκεύασε Κρόνος ἅρπην καὶ δόρυ] In Hesiodo Γῆ
ipsa τὴν ἅρπην i. e. ensem falcatum Crono in manus tradit. Theogon.
v. 173. seqq.

Ὣς φάτο· γήθησεν δὲ μέγα φρεσὶ Γαῖα πελώρη.
Εἷσε δέ μιν κρύψασα λόγῳ, ἐνέθηκε δὲ χειρὶ
Ἅρπην καρχαρόδοντα, δόλον δ᾽ ὑπεθήκατο πάντα.

Conf. Heyne ad Apollodor. I, 1. 4. [O.]

64) λόγους μαγείας] i. e. λόγους seu ἔπεα μειλίχια, sermones
blandos, einnehmende bezaubernde Reden. Nil amplius. Nisi credere
malimus Hermetem hos Saturni bellatores ex superstitione illorum temporum cantilena quadam Magica ad proelium acuisse et effecisse quasi
invulnerabiles quomodo haec verba intellexisse videtur Wagnerus vertens:
Magische Worte. [O.]

diem obiit, Minerva autem Mercurioque auctoribus, falcem
ex ferro hastamque conflavit. Tum Mercurius Saturni sociis vehemens contra Coelum pro Terra dimicandi studium
magicis cantionibus iniecit. Saturnus igitur his instructus
copiis bellum cum patre committit, eoque imperii finibus
eiecto, regnum capessit. Hoc in certamine capta Coeli
concubina, cuius ille singulari amore flagrabat. Eam Saturnus Dagoni in uxorem dedit, apud quem susceptum ex
Coelo foetum enixa Demaroontem nominavit. Tum vero
Saturnus aedes suas muro cingit, Byblumque condit urbem
Phoeniciae principem. Mox Atlantem fratrem, quod eum
suspectum haberet, suadente Mercurio alta terra defossum
obruit. Per idem ferme tempus Dioscurorum nepotes cum
tumultuariis ratibus navigiisque conflatis navigarent, ad
Cassium montem eiecti templum eo loco dedicarunt. Iam
vero socios Ili, qui Saturnus idem erat, Eloim quasi Saturnios appellarunt, qui eiusdem Saturni aequales etiam

---

65) τῆς ἀρχῆς ἤλασε] Apud Graecorum Mythologos Saturnus
patri Coelo primo statim congressu virilia abscidit. Vide Hesiod. Theogon. et Apollodor. I. 1. 4. [O.]

66) καὶ ἡ ἐπέρ'αστος τοῦ Οὐρανοῦ σύγκοιτος] Cuius Nomen
vel omisit noster vel excidit culpa librariorum. [O.]

67) Δημαροῦν] Δημαροῦς rex sive princeps qui ut infra memora-
tur post Cronum regnavit in Phoenicia una cum Astarte et Adodo inter
Deos relatus et dictus Ζεὺς Δημαροῦς. Conf. Klopfer Mythologisches
Wörterbuch h. v. [O.]

68) πρώτην κτίζει τὴν ἐπὶ Φοινίκης Βύβλον] i. e. primam
Phoeniciae urbem e lapidibus coctis exstructam. Nam Tyri habitationis
potius quam urbis e levibus tuguriis confectae meminit noster supra. [O.]

69) εἰς βάθος γῆς ἐμβαλὼν κατέχωσε] Fortasse in confiniis
montis cui postea Atlantis nomen inditum. Ceterum in hac fabula de
Atlante noster plane dissentit a Graecorum Mythographis, quorum narrationes ut et recentiorum explicationes diligentissime collegerunt Nitsch
et Klopfer l. l. [O.]

70) ἔπλευσαν etc.] Haec est ut Cumberlandus observat prima
navigatio post diluvium, cuius apud antiquos mentio fit, fortassis etiam
primum templum lapidibus exstructum et solido fundamento firmatum.
Antea enim utebantur sollummodo templis sive aediculis ζυγοφορουμέναις
ut supra vidimus. Conf. Hist. universal. Halens. Tom. I. pag. 288. Not.
Mons Cassius situs in ora Aegypti maritima 40 milliaria a Pelusio versus Orientem Palaestinam tendentibus. [O.]

71) ᾿Ελοείμ] Commilitones אֵל El vel אֱלוֹהַּ Eloah i. e. Saturni
אֱלוֹהִים elohim dicebantur quasi Saturnios dixeris. Imo Elohim Deum
sonat, vel Deos etiam, Angelos et Iudices. Nam terminatio est pluralis,

γόμενοι ἀπὸ Κρόνου. Κρόνος δὲ υἱὸν ἔχων Σάδιδον [72]), ἰδίῳ
αὐτὸν σιδήρῳ διεχρήσατο, δι᾽ ὑπονοίας αὐτὸν ἐσχηκώς, καὶ
τῆς ψυχῆς, αὐτόχειρ τοῦ παιδὸς γενόμενος, ἐστέρησεν.
Ὡσαύτως καὶ θυγατρὸς ἰδίας τὴν κεφαλὴν ἀπέτεμεν [73]). ὡς
πάντας πεπλῆχθαι θεοὺς τὴν Κρόνου γνώμην [74]). Χρόνου
δὲ προϊόντος Οὐρανὸς ἐν φυγῇ τυγχάνων, θυγατέρα αὐτοῦ
πάρθενον Ἀστάρτην [75]) μεθ᾽ ἑτέρων αὐτῆς ἀδελφῶν δύο,
Ῥέας καὶ Διώνης, δόλῳ τὸν Κρόνον ἀνελεῖν ὑποπέμπει, ἃς
καὶ ἑλὼν ὁ Κρόνος κουριδίας γαμετὰς ἀδελφὰς οὔσας ἐποιή-
σατο. Γνοὺς δὲ ὁ Οὐρανὸς ἐπιστρατεύει κατὰ τοῦ Κρόνου
Εἱμαρμένην καὶ Ὥραν μεθ᾽ ἑτέρων συμμάχων, καὶ ταύτας
ἐξοικειωσάμενος [76]) ὁ Κρόνος παρ᾽ ἑαυτῷ κατέσχεν. Ἔτι δέ,
φησιν, ἐπενόησε θεὸς Οὐρανὸς Βαιτύλια, λίθους ἐμψύχους [77]) μηχανησάμενος. Κρόνῳ δὲ ἐγένοντο ἀπὸ Ἀστάρτης
θυγατέρες ἑπτὰ Τιτανίδες ἢ Ἀρτέμιδες [78]), καὶ πάλιν τῷ
αὐτῷ γίνονται ἀπὸ Ῥέας παῖδες ἑπτά, ὧν ὁ νεώτατος ἅμα
τῇ γενέσει ἀφιερώθη [79])· καὶ ἀπὸ Διώνης θήλειαι, καὶ ἀπὸ

adeoque et significatio, nisi cum uni vero Deo tribuitur. [*Bochart.
pag.* 707.]

72) *Σάδιδον*] Nomen שָׂדִיד apud Arabes significare *hominem
fortem robustum* cognatumque esse vocabulo שַׁדִּי quod supra Not. 40.
explicavimus observat Cumberlandus et ex eo Historici Halenses. [O.]

73) *ὡσαύτως καὶ θυγατρὸς ἰδίας τὴν κεφαλὴν ἀπέτεμεν*]
Cuius? Nam filiarum duarum quarum supra meminit noster, Proserpina
in flore aetatis decessit; altera autem τῇ Ἀθηνᾷ adiutrice et consiliaria
in bello contra patrem usus est Saturnus illique deinceps ut in sequentibus videbimus regnum Athenarum donavit. Intelligenda itaque alia
quaedam Saturni filia cuius nomen ignotum. [O.]

74) *ὡς πάντας πεπλῆχθαι θεοὺς τὴν Κρόνου γνώμην*]
i. e. *ita ut omnes Dii terrerentur* vel irritarentur impietate et crudeli-
tate Saturni, so dass alle Götter über seinen wilden Sinn erschraken,
ut bene Wagner. [O.]

75) *Ἀστάρτην*] Vide infra Not. 91. et 95. [O.]

76) *ἐξοικειωσάμενος*] i. e. *in suas partes traducens*, er brachte
sie auf seine Seite ut bene reddidit Wagner. [O.]

77) *ἐπενόησε θεὸς Οὐρανὸς Βαιτύλια λίθους ἐμψύχους
μηχανησάμενος*] Itane vero? lapides animatos?
       O rem ridiculam, Cato, et iocosam!
Scripserat credo Sanchoniathon אבנים נְשָׁפִים *lapides unctos* a radice
שׁוּף in unguendi notione apud Syros usitata sed ♭ et שׁ transpositis pro
נְשָׁפִים scriptum נְשָׁשִׁם. Unde factum ut lapides uncti (qualis ille erat
quem Iacob. Genes. XXVIII. 18. cum sibi pro cervicali erexisset,
oleo conspersum Deo consecravit et locum vocavit *Bethel*) mutarentur
in animatos. Quod tamen deinceps creditum, Damascius aevo Iustiniani
apud Photium 557. 23. ὅτι κατὰ τὴν Ἡλιούπολιν Συρίας εἰς ὄρος τὸ τοῦ
Λιβάνου τὸν Ἀσκληπιάδην ἀνελθεῖν φησὶ καὶ ἰδεῖν πολλὰ τῶν λεγομένων

dicebantur. Porro Sadidum filium Saturnus, quod secus aliquid de illo suspicaretur, gladio suo iugulavit, manusque paternas extincti sanguine cruentavit, ac paulo post filiam quoque suam capite truncavit, ut reliqui omnes Dii hanc Saturni mentem penitus obstupescerent. At Coelus cum interim exsularet, post aliquod temporis intervallum Astarten filiam virginem cum duabus aliis sororibus, Rhea nimirum ac Dione summisit, quae Saturnum fraude insidiisque tollerent. Verum Saturnus amore blanditiisque captas sorores ambas secum matrimonio copulavit. Quod ubi Coelus audiisset Fatum ac Pulchritudinem cum aliis sociis adversus eum expeditionem suscipere iussit, quam pariter utramque Saturnus illecebris delinitam apud se retinuit. Praeterea Coelus, inquit, Deus Baetylia reperit, animatos lapides insolenti arte molitus. Caeterum Astarte filias septem Titanidas sive Dianas Saturno peperit, simulque Rhea totidem filios, quorum postremus, ut primum lucem aspexit, consecratus est. Quin etiam ex Dione quidem puellas, ex

---

Βαιτυλίων, ἢ Βαιτύλων, περὶ ὧν μυρία τερατολογεῖ ἄξια γλώσσης δυσσεβούσης, et 568. *εἶδον φησὶ τὸν Βαίτυλον διὰ τοῦ ἀέρος κινούμενον.* Erant autem hi lapides plerumque forma sphaerica. Idem Damascius: *σφαῖραν δὲ πυρὸς ὕψωθεν καταθοροῦσαν ἐξαίφνως ἰδεῖν, αὐτὸν δὲ ἐπὶ τὴν σφαῖραν δραμεῖν καὶ καταλαβεῖν αὐτὴν οὖσαν τὸν Βαίτυλον.* Sequitur non multo post accurata Baetyli descriptio: *σφαῖρα μὲν ἀκριβὴς ἐτύγχανεν ὤν, ὑπόλευκος δὲ τὸ χρῶμα, σπιθαμιαία δὲ τὴν διάμετρον κατὰ μέγεθος, ἀλλ' ἐνίοτε μείζων ἐγένετο καὶ ἐλάττων, καὶ πορφυροειδὴς ἄλλοτε.* Hinc nomen apud Syros *Abdir* vel *Abbadir* corruptum ex Phoenicio אבן דיר *eben dir* vel *abandir* lapis sphaericus. Inde et *Βαίτυλος* lapis, quem a Saturno devoratum fingunt, et proverbium *καὶ βαίτυλον ἄν καταπίνοις.* Tales autem lapides variis Diis consecrati. Idem Damascius *τῶν δὲ βαιτύλων ἄλλον ἄλλῳ ἀνακεῖσθαι θεῷ, Κρόνῳ, Διί, Ἡλίῳ καὶ τοῖς ἄλλοις.* [Bochart. pag. 707. 708. Conf. Scaliger ad Euseb. Chronic. pag. 217. et in Append. de Emend. temp. pag. 39.] Sanchoniathon itaque *λίθους ἐμψύχους* intellexisse videtur vel de lapidibus per aërem missis sive aërolithis, *Luftsteinen, Meteorsteinen,* vel potius de lapidibus in quibus ex superstitione veterum vis aliqua animalis ac divina latere credebatur ut in lapide illo Pessinuntio Romanis a rege Attalo misso, in quo matrem Deorum abditam existimabant. Vide Liv. XXIX. 11. et XIV. et Arnobium adv. Gent. Lib. VII. Cap. XLVI. (nostrae editionis) et seqq. ubi vide quae adnotavimus. Conf. doctiss. Zoega in l. t. *Bassirilievi Antichi* Tom. I. p. 88. [O.]

78) *Τιτανίδες ἢ Ἀρτέμιδες*] Titanidum nomina apud Graecos prodit Hesiodus Theog. 133.

Θείαν τε Ῥείαν τε, Θέμιν τε, Μνημοσύνην τε
Φοίβην τε χρυσοστέφανον Τηθύν τ' ἐρατεινήν.

At istae non ex Saturno et Astarte, sed e Coelo et Terra procreatae. *Ἀρτέμιδας* noster has Titanidas appellat fortasse a sorore natu maxima, Diana sive Artemide. [O.]

79) *ὧν ὁ νεώτατος ἅμα τῇ γενέσει ἀφιερώθη*] Haec verba duplicem sensum admittunt, vel filium istum natu minimum Saturni, quum

Ἀστάρτης πάλιν ἄῤῥενες δύο, Πόθος καὶ Ἔρως. Ὁ δὲ Δαγὼν ἐπειδὴ εὗρε σῖτον καὶ ἄροτρον, ἐκλήθη Ζεὺς Ἀρότριος.
Συδύκῳ δὲ τῷ λεγομένῳ δικαίῳ, μία τῶν Τιτανίδων συνελ-
θοῦσα γεννᾷ τὸν Ἀσκληπιόν [80]). Ἐγεννήθησαν δὲ καὶ ἐν
Περαίᾳ [81]) Κρόνῳ τρεῖς παῖδες, Κρόνος ὁμώνυμος τῷ πατρὶ,
καὶ Ζεὺς Βῆλος [82]) καὶ Ἀπόλλων [83]). Κατὰ τούτους γίνονται Πόντος καὶ Τύφων καὶ Νηρεὺς [84]), πατὴρ Πόντου·
ἀπὸ δὲ τοῦ Πόντου γίνεται Σιδών [85]). ἡ καθ' ὑπερβολὴν εὐφωνίας πρώτη ὕμνον ᾠδῆς εὗρε, καὶ Ποσειδῶν [86]). Τῷ δὲ
Δημαροῦντι γίνεται Μελίκαρθος ὁ καὶ Ἡρακλῆς [87]). Εἶτα
πάλιν Οὐρανὸς πολεμεῖ Πόντῳ, καὶ ἀποστὰς Δημαροῦντι
προστίθεται· ἔπεισί τε Πόντῳ ὁ Δημαροῦς, τροποῦται δὲ

---

primum lucem aspexerit, inter Deos relatum fuisse, (instar Dalai Lama
apud Tibetanos) et huic interpretationi adstipulantur Historici Halenses
et Wagnerus vertentes *deren jüngster sogleich nach seiner Geburth ver-
göttert wurde*. Sed nullum hactenus exemplum habuimus τῆς ἀποθεώσεως
hominum viventium. Quare opinor dicere voluisse auctorem nostrum
filium hunc Saturni statim a nativitate Diis consecratum i. e. ordini sacerdotum adscriptum fuisse (iussu Saturni scil. ne sibi partem regni vin-
dicaret.). Cumberlandus opinatur intelligi Deum *Movt*, cuius meminit
infra, primis vitae diebus extinctum et a Phoenicibus cultum tanquam
Deus inferorum sive genius Mortis. [O.]

80) τὸν Ἀσκληπιόν] Esmunum שְׁמִינִי octavum scil. Cabirorum,
qui etiam Carthagine cultus. Vide *Münter Religion der Karthager* p. 92. [O.]

81) ἐν Περαίᾳ] Sic legendum pro Παραία quo nomine aliquot vel
regiones vel urbes extiterunt etiam in Syria, cuius Phoenicia pars. [*Viger.*] Cumberlandus intelligens regionem Palaestinae trans Iordanem sitam
a Hebraeis dictam Bashan putat tres hos Saturni filios natos fuisse in
urbe Asteroth Carnaim, illius regionis, antequam ab Israelitis occupa-
retur, metropoli. [O.]

82) Ζεὺς Βῆλος] *Iupiter Belus* seu בַּעַל *Baal* cuius nominis Dii
plures in Phoenicibus. Alibi scribitur בְּעֵל *Beil* ut *Beelσάμην* Deus
coeli. Foemininum est *Baaltίς* Hebr. בַּעֲלָה. [*Bochart. pag. 708.*] Vide
inprimis Selden. de Diis Syris Synt. II. Cap. I. p. 119. qui de h. v.
multus est. Ζεὺς Βῆλος dicitur etiam Herodoto I. 181. cultus inprimis
a Babyloniis ubi templum eius famosissimum. Cicero de Nat. D. III. 16.
Herculem Indicum vocat. Vide *Winer* V. Cl. *Biblisches Realwörterbuch*.
h. v. [O.]

83) καὶ Ἀπόλλων] Apollinem eximia religione cultum fuisse a Tyriis auctor est Curtius Lib. IV. Cap. III. §. 21. et 22. Conf. *Münter
Religion der Karthager* p. 32. seq. Cumberlandus et hic nomina Biblica quaerens in Crono II. agnoscit Mizraim, in Iove Belo *Cusch*
filium Chami, in' Apolline denique eum qui *Phut* vocatur a Mose quemque eundem putat cum Graecorum Apolline Pythio. [O.]

84) Νηρεύς] In hoc Iaphetum Noachi filium agnoscit Cumberlandus inepte sane. [O.]

85) ἀπὸ δὲ τοῦ Πόντου γίνεται Σιδὼν etc. etc.] An illa
Sidonem condidit? Nihil tale memorat Sanchoniathon. Et Sidonis ori-

Astarte vero mares praeterea duos Cupidinem Amoremque
suscepit.' Dagon autem, quod frumentum et aratrum inve-
nisset, Aratrius Iupiter nuncupatus est. Sydyco, quem iu-
stum interpretamur, una ex Titanidis Aesculapium peperit.
Saturno praeterea liberi tres in Peraea nati, Saturnus eiusdem cum patre nominis, Iupiter Belus et Apollo. His pro-
pemodum aequales Pontus Typho et Nereus Ponti pater.
Ex Ponto Neptunus et Sido nascuntur. Sidonis autem ea
suavitas et elegantia vocis erat, ut hymni modulate canendi
artem princeps inveniret. A Demaroonte Melicarthus qui
et Hercules procreatur: moxque Coelus ad Demaroontis
sese partes adiungens, Ponto a quo defecerat, denuo bellum movet. At Pontus Demaroontem, qui magno impetu

---

ginem alio refert Moses Gen. X. 15. Itaque coniicio Sidonem hoc loco
aliter scribi, nempe per ש non per צ, et illud Musicae genus, cuius
Sidon inventrix, Hebraice dici שִׁיר sidda et שִׁירוֹת siddoth Ecclesiast.
II. 8. [Bochart. pag. 709.]

86) καὶ Ποσειδῶν] De Deo maris praeside a Phoeniciis et Carthaginiensibus culto, quem unus Sanchoniathon non Croni sed vetustio-
ris Dei marini Ponti filium facit, doctissime disputat Münterus in l. t.
die Religion der Karthager pag. 97. seqq. Eius nomen apud Phoenices, ignotum hodie. Fortassis idem est qui Hestiaeo apud Eusebium
nostrum Praeparat. Evangel. Lib. IX. Ζεὺς ἐνάλιος dicitur. Conf. Selden. de Diis Syris Synt. II. Cap. I. pag. 139. ed. Beyer. [O.]

87) Τῷ δὲ Δημαροῦντι γίνεται Μελίκαρθος ὁ καὶ Ἡρα-
κλῆς] Μελίκαρθος מֶלֶךְ קַרְתָּא Rex urbis vel ut alii derivant מלך ארתא
dominus terrae i. e. Hercules erat Tyriis et Carthaginiensibus tutelare
Numen, cui humanas immolabant hostias Poeni, auctore Plinio Hist.
Nat. Lib. XXXVI. Cap. V. quemque a Tyriis cultum discimus etiam e
II. Maccab. IV. 18—20. ubi legimus ut impius ille sacerdos Hierosoly-
mitanus Iason miserit Tyrum drachmas argenti trecentas in sacrificium
Herculis. Tyri sepultum ait Clemens Romanus. Locus de hoc Deo classicus est Arriani de Exped. Alexandri Lib. II. Cap. XXX. Ἔστι γὰρ
ἐν Τύρῳ ἱερὸν Ἡρακλέους παλαιότατον, ὧν μνήμη ἀνθρωπίνη διασώζεται,
οὐ τοῦ Ἀργείου Ἡρακλέους, τοῦ τῆς Ἀλκμήνης. Πολλαῖς γὰρ γενεαῖς πρότερον τιμᾶται ἐν Τύρῳ Ἡρακλῆς, ἢ Κάδμον ἐκ Φοινίκης ὁρμηθέντα Θήβας
κατασχεῖν, καὶ τὴν παῖδα Κάδμου τὴν Σεμέλην γενέσθαι, ἐξ ἧς καὶ ὁ τοῦ
Διὸς Διόνυσος γίνεται et quae sequuntur toto capite. Nec Tyriis solum
Hercules iste colebatur, sed et Sidoniis: imo cultus iis ut Strabo Lib.
XVI. ait, καθ' ὑπερβολὴν supra modum. Vide B. I. Vossium de Idololatr. Lib. I. XXII. pag. 63. qui pluribus docet syllabam ἀρτ, ἀρτος, ἀρ-
θος cum initialem, tum finalem in vocibus orientalibus involvere notio-
nem roboris ac fortitudinis ut in Ἀρταβάνος, Ἀρτοξέρξης, Μελίκαρτος.
Aliud eiusdem Herculis nomen apud Phoenices Desanaus servavit nobis
Eusebius in Chronicis ad Num. CCCCXCVII. Hercules cognomento De-
sahaus in Phoenice clarus habetur. Unde et ad nostram usque memo-
riam a Cappadocibus et Eliensibus Desanaus adhuc dicitur, cuius nominis Etymon doctissime exponit Iablouski in Opusc. Tom. III. pag. 135.
ed. te Water. Conf. inprimis qui de hoc Deo multus est Münter V.
Cl. in Religion der Karthager pag. 36. et seqq. ed. 2. [O.]

αὐτὸν ὁ Πόντος· ὁ δὲ Δημαροῦς φυγῆς θυσίαν [88]) ηὔξατο.
Ἔτει δὲ τριακοστῷ δευτέρῳ τῆς ἑαυτοῦ κρατήσεως καὶ βασιλείας, ὁ Ἶλος τοῦτ᾽ ἐστὶν ὁ Κρόνος Οὐρανὸν τὸν πατέρα
λοχήσας ἐν τόπῳ τινὶ μεσογείῳ, καὶ λαβὼν ὑποχείριον ἐκτέ-
μνει αὐτοῦ τὰ αἰδοῖα [89]) σύνεγγυς πηγῶν τε καὶ ποταμῶν·
ἔνθα ἀφιερώθη ὁ Οὐρανὸς, καὶ ἀπηρτίσθη αὐτοῦ τὸ πνεῦμα
καὶ [90]) ἀπέσταξεν αὐτοῦ τὸ αἷμα τῶν αἰδοίων εἰς τὰς πηγὰς
καὶ τῶν ποταμῶν τὰ ὕδατα, καὶ μέχρι τούτου δείκνυται τὸ
χωρίον. Τοσαῦτα μὲν δὴ τὰ τοῦ Κρόνου καὶ τοιαῦ-
τά γε τοῦ παρ᾽ Ἕλλησι βοωμένου βίου τῶν ἐπὶ
Κρόνου τὰ σεμνὰ, οὓς καί φασι πρῶτον χρύσεόν
τε γένος μερόπων ἀνθρώπων, τῆς μακαριζομέ-
νης ἐκείνης τῶν παλαιῶν εὐδαιμονίας. Πάλιν
δὲ ὁ συγγραφεὺς τούτοις ἐπιφέρει μεθ᾽ ἕτερα
λέγων. Ἀστάρτη δὲ ἡ μεγίστη [91]), καὶ Ζεὺς Δημαροῦς, καὶ
Ἄδωδος βασιλεὺς θεῶν [92]) ἐβασίλευον τῆς χώρας Κρόνου
γνώμῃ· ἡ δὲ Ἀστάρτη ἐπέθηκε τῇ ἰδίᾳ κεφαλῇ βασιλείας
παράσημον κεφαλὴν ταύρου [93])· περινοστοῦσα δὲ τὴν οἰκου—

---

88) φυγῆς θυσίαν] i. e. sacrificium pro fuga salutari, ein Dank-
opfer für die glückliche Flucht. [O.]

89) ὁ Κρόνος Οὐρανὸν τὸν πατέρα λοχήσας------ἐκτέμ-
νει αὐτοῦ τὰ αἰδοῖα] Plane in hac re consentit cum nostro Hesiodus
Theogon. 173. et seqq.

Ὣς φάτο (scil. Κρόνος) γήθησεν δὲ μέγα φρεσὶ Γαῖα πελώρη,
Εἷσε δέ μιν κρύψασα λόχῳ, ἐνέθηκε δὲ χειρὶ
Ἅρπην καρχαρόδοντα, δόλον δ᾽ ὑποθήκατο πάντα.
Ἦλθε δὲ Νύκτ᾽ ἐπάγων μέγας Οὐρανός, ἀμφὶ δὲ Γαίῃ
Ἱμείρων φιλότητος ἐπέσχετο, καὶ ῥ᾽ ἐτανύσθη
Πάντη· ὁ δ᾽ ἐκ λοχέοιο πάϊς ὠρέξατο χειρὶ
Σκαιῇ, δεξιτερῇ δὲ πελώριον ἔλλαβεν ἅρπην
Μακρήν, καρχαρόδοντα, φίλου δ᾽ ἀπὸ μήδεα πατρὸς
Ἐσσυμένως ἤμησε, πάλιν δ᾽ ἔῤῥιψε φέρεσθαι
Ἐξοπίσω· τὰ μὲν οὔτι ἐτώσια ἔκφυγε χειρός etc. [O.]

90) καὶ ἀπηρτίσθη αὐτοῦ τὸ πνεῦμα] Ex his videmus Uranum
Sanchoniathonis mortalem fuisse et obiisse post abscissa genitalia. [O.]

91) Ἀστάρτη δὲ ἡ μεγίστη] Ἀστάρτη עַשְׁתֹרֶת et עַשְׁתֹרֹת Dea
Phoenicibus, Syris, Carthaginiensibus, inprimis autem Sidoniis culta.
Noster paulo inferius Βααλτίδα vocat et Διώνην interpretatur. Graecis
Οὐρανία dicitur, Poenis in Africa Coelestis, quae erat πολιοῦχος Cartha-
giniensium
    Quam Iuno fertur terris magis omnibus unam
    Post habita coluisse Samo.
In sacris literis eius mentio frequentissima. Conf. Bochart. pag. 709.
Scaliger Append. ad Opus de Emend. temporum pag. 27. Selden. de
Diis Syris Syntagm. II. Cap. II. pag. 157. seq. Winer Biblisches Real-
wörterbuch v. Astarte et qui veterum testimonia de hac Dea doctissime
illustravit Münter in l. t. Religion der Karthager pag. 62. et seqq.
Vide et infra Not. 95. μεγίστη. Dupuis in l'Origine de tous les cultes

suos in fines incubuerat, in fugam vertit; ille autem felicis fugae gratia sacrificium vovit. Porro Saturnus anno occupati regni altero supra tricesimum, ubi Coelum patrem mediterraneo quodam in loco structis insidiis captum in potestatem habuisset, verenda ipsi iuxta fontes fluviosque circumfusos amputavit: quo loco Coelus idem postea consecratus est. Tum vero dispertitus eius ac dissipatus spiritus est, et sanguis e vulnere defluens in vicinorum fontium ac fluviorum aquas distillavit. Locus etiamnum ostenditur. *Haec sunt cum Saturni, tum eorum quae Saturni aetate vixerunt, decantati a Graecis aevi laudes egregiae, quos etiam princeps atque aureum hominum lingua discrepantium genus, ob iactatam illam veterum felicitatem nuncupare solent. Verum noster hic scriptor interiectis quibusdam ita prosequitur:* Astarte vero, quae maxima nominatur, Iupiter Demaroon et Rex Deorum Adodus in ea regione Saturno consentiente regnarunt. Astarte capiti suo, tanquam insigne regni, tauri caput imposuit: cumque terra-

---

putat ad verbum expressum e כבר *fortis, magnus* est; hinc Arabes Veneris sive Astartes stellam invocasse verbis *Alla Cabar.* [O.]

92) Ἄδωδος βασιλεὺς θεῶν] Fortasse hic idem est de quo Macrobius Saturn. Lib. I. Cap. XXIII. *Accipe,* inquit, *quid Assyrii de Solis potentia opinentur, deo enim quem summum maximumque venerantur Adad nomen dederunt, eius nominis interpretatio significat VNVS: hunc ergo ut potentissimum adorant Deum: sed subiungunt eidem Deam Adargatin omnemque potestatem cunctarum rerum his duobus attribuunt.* Noster autem mortalem et, cum Astarte et Iove Demarao regem facit Phoeniciae. Scaliger l. l. nomen depravatum putat ex Hebr. אָדָן. Sed ut bene observat Seldenus de Diis Syris pag. 103. *Adad* ille sive *Adodus* sacra historia הֲדַד *Hadad* alia longe orthographia legitur, quod nomen deinceps a Deo hoc traductum videtur in Assyriorum regum ac principum nominibus ut *Benhadad.* Vossius de Idololatr. Lib. I. Cap. XXII. putat hoc nomen innui ab Hesychio Ἄδαγοοὺς θεός τις παρὰ Φρυξὶ et pro Ἄδαγοοὺς rescribendum esse Ἄδωδοὺς quod scil. numen hoc Phryges a Phoenicibus acceperint. Sed obstat quod addit Hesychius Θεὸς ἑρμαφρόδιτος. Etiam Adodi appellationem firmat quod teste eodem Hesychio Iuno, cuius nomine Luna et Aër notatur Babylonis, dicebatur *Hada* vel *Ada Ἄδα* — ἠδανὴ, πηγὴ καὶ ὑπὸ Βαβυλωνίων ἡ Ἥρα. [O.]

93) ἡ δὲ Ἀστάρτη ἐπέθηκε τῇ ἰδίᾳ κεφαλῇ βασιλείας παράσημον, κεφαλὴν ταύρου] Procul dubio quia lunam corniculatam designabat Horatius de tauro

    Fronte curvatos imitatus ignes

Theocritus

    Ἴσα τ᾿ ἐπ᾿ ἀλλήλοισι κέρα ἀνέτελλε καρήνου
    Ἄντυγος ἡμιτόμου, κεφαὴς ἅτε κύκλα σελήνης·

[*Scaliger l. l. pag. 27.*] Conf. *Münter Religion der Carthager pag.* 68.

μένην εὗρεν ἀεροπετῆ ἀστέρα[94]), ὃν καὶ ἀνελομένη ἐν Τύρῳ
τῇ ἁγίᾳ νήσῳ ἀφιέρωσε. Τὴν δὲ Ἀστάρτην Φοίνικες τὴν
Ἀφροδίτην εἶναι λέγουσι[95]). Καὶ ὁ Κρόνος δὲ περιιὼν τὴν
οἰκουμένην τῇ Ἀθηνᾷ τῇ ἑαυτοῦ θυγατρὶ δίδωσι τῆς Ἀττικῆς τὴν βασιλείαν[96]). Λοίμου δὲ γενομένου καὶ φθορᾶς
τὸν ἑαυτοῦ μονογενῆ υἱὸν Κρόνος Οὐρανῷ πατρὶ ὁλοκαρποῖ[97]),
καὶ τὰ αἰδοῖα περιτέμνεται, ταυτὸ ποιῆσαι καὶ τοὺς ἅμ᾽
αὐτῷ συμμάχους καταναγκάσας· καὶ μετ᾽ οὐ πολὺ ἕτερον
αὐτοῦ παῖδα ἀπὸ Ῥέας, ὀνομαζόμενον Μούθ ἀποθανόντα
ἀφιεροῖ· Θάνατον δὲ τοῦτον καὶ Πλούτωνα Φοίνικες ὀνο-
μάζουσι[98]). Καὶ ἐπὶ τούτοις ὁ Κρόνος Βύβλον μὲν τὴν πό-

---

94) εὗρεν ἀεροπετῆ ἀστέρα] Bochartus pag. 709. seq. haec non
concoquens legere volebat ἀεροπετῆ ἀστερίαν. Asteriam inter aquilarum
genera recenset Aelianus de Nat. Animal. II. 39. init. Ἀκούω δὲ καὶ γένος ἀετῶν καὶ ὄνομα αὐτῶν χρυσαίετον ἔθεντο, ἄλλοι δὲ ἀστερίαν τὸν αὐτὸν καλοῦσιν· ὁρᾶται δὲ οὐ πολλάκις. Λέγει δὲ Ἀριστοτέλης αὐτὸν θηρᾶν
καὶ νέβρους, καὶ λαγωοὺς, καὶ γεράνους καὶ χῆνας ἐξ αὐλῆς· Μέγιστος δὲ
αἰετῶν εἶναι πεπίστευται. Sed ne dicam avem Veneri Phoeniciae sive
Syriae sacram non fuisse aquilam, sed, ut Paphiae vel Cnidiae, columbam,
(*Vide Münter pag.* 78. et quae ex Salmasio observavimus ad Arnobium I.
36. pag. 317.) ipsa Astarte sive Dea Syria conspicitur cum veste stellis
distincta apud Münter l. l. Tab. II. fig. 2. et eadem ut videtur stellam
cum luna in capite gestans in Amuleto seu gemma Abraxea apud Mon-
tefalcon. Antiquitt. Tab. LXXXI. fig. 12. in Compendio Schazii. Stellam autem quam Astarte consecrabat Scaliger l. l. putat fuisse Lucife-
rum ἑωσφόρον quem Iesaias XIV. 12. vocat הֵילֵל בֶּן שָׁחַר υἱὸν τῆς Ἠοῦς
et in eodem capite Isaiae usurpatur ἀεροπετής ἀστήρ proverbialiter. [O.]

95) τὴν δὲ Ἀστάρτην Φοίνικες τὴν Ἀφροδίτην εἶναι λέ-
γουσιν] Cum nostro consentit Cicero de Nat. Deor. III. 23. *Quarta* (Ve-
nus) *Syria Tyroque concepta quae Astarte vocatur, quam Adonidi nup-
sisse proditum est* et Theodoretus in Libr. III. Reg. Quaest. 50. Ἀστάρτη
δέ ἐστιν ἡ παρ᾽ Ἕλλησιν Ἀφροδίτη προσαγορευομένη. Lucianus in libello de
Dea Syria cum Luna comparat: Ἀστάρτην δ᾽ ἐγὼ δοκέω σεληναίαν ἔμμεναι
(Vide supra Not. 93.). Idem tradit Agenoris Phoenicum regis filiam fuisse
ac deinceps, postquam adscripta esset Diis, Astarten nuncupatam. Alii
volunt esse Iunonem, alii Berecynthiam matrem, cui similis in Nummis
Carthaginiensium Astarte videtur leoni insidens); alii Vestam. Notissimum
tamen eius nomen fuit ut supra diximus Dea vel Virgo Coelestis Οὐρανία. A Macrobio describitur tanquam Θεὸς ἑρμαφρόδιτος. De turpis-
simis ludis, qui Virgini Coelesti exhibebantur, loquitur Augustinus de
Civ. Dei II. 3. Plura vide apud Voss. de Idolol. I. 22. pag. 64. Selden.
de Diis Syris Syntagm. II. Cap. II. pag. 157. et seq. et inprimis Münter
qui de hac Dea et eius cultu multus est in l. t. *Religion der Carthager*
Cap. VI. p. 62. et seqq. [O.]

96) καὶ ὁ Κρόνος δὲ περιιὼν τὴν οἰκουμένην τῇ Ἀθηνᾷ
---- δίδωσι τῆς Ἀττικῆς τὴν βασιλείαν] Annon respiciunt haec
ad cultum Minervae per Phoenicios colonos in Atticam transplantatum? [O.]

97) Λοίμου δὲ γενομένου καὶ φθορᾶς τὸν ἑαυτοῦ μονογενῆ υἱὸν Κρόνος Οὐρανῷ πατρὶ ὁλοκαρποῖ] Abrahamum filium

rum orbem peragraret, lapsam de coelo stellam reperit eam-
que in Tyro sancta insula consecravit. Caeterum hanc ipsam
Astartem Phoenices Venerem esse memorant. At vero Saturnus, dum orbem lustrat universum, Minervae filiae totius Atticae regnum tradit, ac dirae pestilentiae inclemen-
tia exitioque commotus, filium, quem unum ex legitima
uxore susceperat, Coelo patri totum flammis consumtum
immolat, tum sibi ipsa verenda circumscindit, sociosque
omnes ad simile factum per vim adigit: nec multo post
Muth filium, quem ex Rhea genuerat, vita functum conse-
crat, quem Phoenices modo Mortem, modo Plutonem appellant. Deinde Saturnus Byblum urbem Deae Baaltidi,

---

unigenitum Isaacum Iehovae tanquam victimam offerentem in his verbis
agnoscunt Scaligerus Bochartus et Seldenus, sed bene refutati a Cumberlando in hoc fere uno verum vidente. Nec enim verosimile videtur
ipsum Sanchoniathonem notitiam habuisse de Abrahamo. Et quid nos
impedit quo minus credamus: Cronum sive Saturnum regem vel principem Phoeniciae pestis tempore filium suum patri Urano tanquam Πα-
στήριον pro abscissis genitalibus et vita ipsi ademta immolasse unde
Graecorum mythus fluxit Saturnum filios suos devorasse. Et notissimus
nefandus ille Phoenicum et inprimis Poenorum ritus in publicis calami-
tatibus vel etiam votis privatis filios suos carissimos Molocho sive Saturno immolandi iam ex sacris literis v. c. Psalm. CVI. 2. Reg. Cap.
XVI. Ierem. VII. 31. Ezekiel. XVI. 20. 21. quem ex antiquis scriptoribus Iudaicis accurate describit Paulus Fagius in Chaldaeam Paraphra-
sin Levitici his verbis: *Fuit autem Moloch imago (aenea) concava ha-
bens septem conclavia; unum aperiebant similae offerendae, aliud tur-
turibus, tertium ovi, quartum arieti, quintum vitulo, sextum bovi.
Qui vero volebat offerre filium, huic aperiebatur septimum cubiculum;
et facies huius idoli erat ut facies vituli. Manus plane dispositae ad
recipiendum ab adstantibus: et saltabant interim quo puer in idolo suc-
censo igne cremabatur, percutientes tympana ne pueri eiulatus audire-
tur.* Conf. Selden de Diis Syris Synt. I. Cap. VI. p. 93. et seqq. et inprimis Münter V. Cl. *Religion der Karthager pag. 17. et seqq.* Quod
autem vocat filium hunc a Crono immolatum μονογενῆ intellige ex una
eius foeminarum quam Porphyrius in loco gemino infra ab Eusebio allato
Nympham Anobret vocat. Nam septem filios ex Rhea Saturno procreatos noster memorat supra. Nec etiam verba quae sequuntur καὶ τὰ αἰδοῖα περιτέμνεται vel minimum pro Abrahamo probant. Nam circumci-
sionis ritum invaluisse non solum apud Iudaeos, verum etiam apud Phoenices, Arabes, Aethiopes aliosque Orientis populos inprimis apud sacerdotes et principes qui munditiei operam dabant, pluribus docet Winer
V. Cl. in l. t. *Biblisches Realwörterbuch* v. *Beschneidung.* Longe aliter
se res habet cum loco Porphyrii paulo inferius allato, qui apertissime
confundit sacrificium Croni cum sacrificio Abrahami. Ceterum Cronum
non primum sed secundum hoc sacrificium patri vel potius avo Urano
fecisse putat Cumberlandus. [O.]

98) ἕτερον αὐτ. παῖδα ἀπὸ Ῥέας, ὀνομαζόμενον Μούθ
ἀποθανόντα ἀφιεροῖ· Θάνατον δὲ τοῦτον καὶ Πλούτωνα Φοίνικες ὀνομάζουσι] Μούθ i. e. *Mors, Pluto (der Gott oder Genius des
Todes* ut vertit Münter). מות *muth* mortem significat etiam apud He-

λιν τῇ Θεᾷ Βααλτίδι, τῇ καὶ Διώνῃ [99]) δίδωσι, Βηρυτὸν δὲ
Ποσειδῶνι καὶ Καβήροις Ἀγρόταις τε καὶ ἁλιεῦσιν, οἱ καὶ
Πόντου λείψανα εἰς τὴν Βηρυτὸν ἀφιέρωσαν [100]). Πρὸ δὲ
τούτων Θεὸς Τάαυτος μιμησάμενος τὸν Οὐρανὸν [101]), τῶν
Θεῶν ὄψεις Κρόνου τε καὶ Δαγῶνος, καὶ τῶν λοιπῶν διε-
τύπωσεν τοὺς ἱεροὺς τῶν στοιχείων χαρακτῆρας· ἐπενόησε
δὲ καὶ τῷ Κρόνῳ παράσημα βασιλείας, ὄμματα τέσσαρα [102])
ἐκ τῶν ἐμπροσθίων καὶ τῶν ὀπισθίων μερῶν, δύο δὲ ἡσυχῇ
μύοντα, καὶ ἐπὶ τῶν ὤμων [103]) πτερὰ τέσσαρα· δύο μὲν ὡς
ἱπτάμενα, δύο δὲ ὡς ὑφειμένα. Τὸ δὲ σύμβολον ἦν, ἐπειδὴ
Κρόνος κοιμώμενος ἔβλεπε καὶ ἐγρηγορὼς ἐκοιμᾶτο [104])· καὶ
ἐπὶ τῶν πτερῶν ὁμοίως, ὅτι ἀναπαυόμενος ἵπτατο καὶ
ἱπτάμενος ἀνεπαύετο. Τοῖς δὲ λοιποῖς Θευῖς· δύο ἑκάστῳ
πτερώματα ἐπὶ τῶν ὤμων, ὡς ὅτι δὴ συνίπταντο τῷ
Κρόνῳ· καὶ αὐτῷ δὲ πάλιν ἐπὶ τῆς κεφαλῆς πτερὰ δύο· ἓν
ἐπὶ τοῦ ἡγεμονικωτάτου νοῦ, καὶ ἓν ἐπὶ τῆς αἰσθήσεως.
Ἐλθὼν δὲ ὁ Κρόνος εἰς Νότου χώραν, ἅπασαν τὴν Αἴγυπτον ἔδωκε Θεῷ Τααύτῳ, ὅπως βασίλειον αὐτῷ γένηται.
Ταῦτα δέ φησι πρῶτοι πάντων ὑπομνηματίσαντα οἱ ἑπτὰ
Συδὺκ παῖδες Κάβειροι, καὶ ὄγδοος αὐτῶν ἀδελφὸς Ἀσκληπιὸς [105]), ὡς αὐτοῖς ἐνετείλατο Θεὸς Τάαυτος. Ταῦτα πάντα
ὁ Θαβίωνος παῖς [106]) πρῶτος τῶν ἀπ' αἰῶνος γεγονότων Φοι-

---

braeos Psalm. XLVIII. 15. *Deducet* nos מָוֶת עַל ad *mortem*. Huius
nomiuis vestigia occurrunt etiam in verbis Phoeniciis sive Punicis *Mu-*
tumbal בְּעַל מֵתִים *dominus mortuorum* et הַדְרֻמֶת *Hadrumut* (*Adru-*
metum) i. e. *atrium mortis* urbs in provincia Byzacene Carthaginiensium
sic dicta ob aërem insalubrem et pestiferum, unde Plautus in Poenulo
Acherontis ostium est in agro nostro. Plura vide apud Münter. l. L.
pag. 106. seq. [O.]

99) Θεᾷ Βααλτίδι, τῇ καὶ Διώνῃ] Βάαλτις sive (ut apud Ee-
sychium) Βῆλθις (בַּעְלָת) quasi *uxor* Baalis ἢ Ἥρα ἢ Ἀφροδίτη. Itaque
eadem cum Astarte sive Dea Coelesti. Noster tamen distinguere videtur.
Vide Selden. de Diis Syris pag. 171. [O.]

100) οἱ καὶ Πόντου λείψανα εἰς τὴν Βηρυτὸν ἀφιέρωσαν]
In his verbis primum *reliquiarum consecratarum* vestigium in orbe terrarum agnoscunt Cumberlandus et ex eo Historici Halenses. [O.]

101) Θεὸς Τάαυτος μιμησάμενος τὸν Οὐρανόν] Quid hoc
sibi vult? Num ante Taautum *Uranus* sive *Coelus* primus effinxit Θεῶν
ὄψεις? Equidem crediderem scribendum οὐρανὸν cum litera initiali mi-
nori, ut sensus sit Taautum prius ante Deorum imagines sphaeram coe-
lestem vel simile aliquid effinxisse et gaudeo in explicatione horum verborum consentire mecum doctissimum Dupuis in l. t. Origine de tous
les cultes Tom. II. p. 208. [O.]

102) ὄμματα τέσσαρα etc. etc.] Haec et quae sequuntur habent
aliquam similitudinem cum visione Ezechielis Cap. I. de Cherubim in
curru Iehovae. [O.]

quae etiam Dione vocabatur, Neptuno autem et Cabiris, Agricolis item et Piscatoribus Berytum dono dedit, ubi Ponti reliquias iidem consecrarunt, Taautus vero Deus cum iam ante Coeli imaginem effinxisset, mox Saturnum etiam atque Dagonis caeterorumque Deorum vultus, unaque sacros elementorum characteres expressit. Quin etiam insigne regni Saturno eiusmodi excogitavit, oculos in vultu binos ac totidem in occipite, quorum duo placide connivere ac nictare viderentur: alas item singulis in humeris geminas, ex quibus explicatae duae, duae vero contractae ac demissae forent. Atque oculorum symbolo significatum volebat Saturnum et dormiendo cernere, et dormire vigilando; alarum autem et volare quiescendo et volando quiescere: caeteris autem Diis alas in humeris duas tantum attribuit, quippe qui Saturnum ipsum volando sequerentur. Ad eiusdem Saturni caput alas propterea geminas affinxit, quarum altera mentis principatum, altera sentiendi vim indicaret. Saturnus autem cum in Meridiem venisset, Taautum Deum Aegypti universae regem creavit. Atque haec principes omnium, inquit, Cabiri septem liberi Sydyk cum Aesculapio fratre octavo, ipsiusmet Taauti iussu in commentarios tabulasque retulerant. Thabionis autem filius, primus apud Phoenices ex omni memoria sacrorum interpres, eadem al-

---

103) καὶ ἐπὶ τῶν ὤμων πτερὰ τέσσαρα] Hos quatuor Saturni alas Dupuis in l. l. Tom. I. pag. 529. not. 1. comparat cum quatuor Cherubinorum alis, quarum una expensa versus meridiem, altera versus septentrionem, reliquae duae inclinatae in arcam foederis. [O.]

104) ἐπειδὴ Κρόνος κοιμώμενος ἔβλεπε καὶ ἐγρηγορὼς ἐκοιμᾶτο] Comparat cum his verbis Bochartus verba Balaami: Qui cadit (ut somno vinctus,) et aperto est oculo et Sponsae Cant. Cant. V. 2. Ego dormio et cor meum vigilat. Sed praepostere: nam horum locorum Biblicorum sensus longe alius. [O.]

105) καὶ ὄγδοος αὐτῶν ἀδελφὸς Ἀσκληπιός] Qui hoc nomine a Phoenicibus Esmunus אֶשְׁמוּנִי i. e. octavus appellabatur. Damascius apud Photium 'Ο ἐν Βηρυτῷ Ἀσκληπιὸς οὐκ ἔστιν Ἕλλην, οὐ δὲ Αἰγύπτιος, ἀλλά τις ἐπιχώριος Φοίνιξ, Σαδύκῳ γὰρ (h. e. Iovi) ἐγένοντο παῖδες οὓς Διοσκούρους ἑρμηνεύουσι καὶ Καβείρους. Ὄγδοος δὲ ἐγένετο ἐπὶ τούτοις ὁ Ἔσμουνος ὃν Ἀσκληπιὸν ἑρμηνεύουσιν. Et rursus Ἔσμουνον φασὶ ὑπὸ Φοινίκων ὠνομασμένον ἐπὶ τῇ θέρμῃ τῆς ζωῆς. οἱ δὲ τὸν Ἔσμουνον ὄγδοον ἀξιοῦσιν ἑρμηνεύειν. Quae posterior vera est interpretatio. [Bochart. pag. 711.] Etiam apud Aegyptios nomen illi fuisse Smin et Smun pluribus docet Iablonski in Pantheo Aegypt. Tom. III. pag. 193. [O.]

106) Θαβίωνος παῖς] Ipsum Sanchoniathonem intelligunt Cumberlandus et Wagnerus. Sed cum homo hic dicatur πρῶτος τῶν ἀπ᾽ αἰῶνος γεγονότων Φοινίκων ἱεροφάντης equidem crediderim intelligi Ἱερόμβαλον illum sacerdotem Dei Ἰαὼ a quo Sanchoniathonem Theologiam suam accepisse supra in prooemio tradidit Eusebius, quique Θεὸς Σουρμουβηλὸς dicitur a Porphyrio in loco paulo inferius allato. [O.]

νίκων ἱεροφάντης ἀλληγορήσας τοῖς τε φυσικοῖς καὶ κοσμικοῖς πάϑεσιν ἀναμίξας παρέδωκε τοῖς ὀργιῶσι καὶ τελετῶν
κατάρχουσι προφήταις· οἱ δὲ τὸν τύφον αὔξειν ἐκ παντὸς
ἐπινοοῦντες, τυῖς αὐτῶν διαδόχοις παρέδωσαν καὶ τοῖς ἐπεις-
άκτοις· ὧν εἷς ἦν Ἴσιρις [107]), τῶν τριῶν γραμμάτων εὑρε-
τῆς [108]), ἀδελφὸς Χνᾶ τοῦ πρώτου μετονομασϑέντος Φοίνι-
κος [109]). (εἶϑ᾽ ἑξῆς αὖϑις ἐπιλέγει·) Οἱ δὲ Ἕλληνες εὐφυίᾳ πάντας ὑπερβαλλόμενοι τὰ μὲν πρῶτα πλεῖστα ἐξιδιώσαντο, καὶ τοῖς προκοσμήμασι [110]) ποικίλως. ἐξετραγώδησαν, ταῖς τῶν μύ-
ϑων ἡδοναῖς ϑέλγειν ἐπινοοῦντες παντοίως
ἐποίκιλλον· ἔνϑεν Ἡσίοδος, οἵ τε κυκλικοὶ πε-
ριηχημένοι Θεογονίας, καὶ Γιγαντομαχίας ἰδίας
καὶ ἐκτομὰς [111]), οἷς συμπεριφερόμενοι ἐξενίκη-
σαν τὴν ἀλήϑειαν· σύντροφοι δὲ τοῖς ἐκείνων
πλάσμασιν αἱ ἀκοαὶ ἡμῶν γενόμεναι καὶ προ-
ληφϑεῖσαι πολλοῖς αἰῶσιν ὡς παρακαϑήκην φυ-
λάσσουσιν, ἣν παρεδέξαντο μυϑοποιΐαν, καϑά-
περ καὶ ἀρχόμενος εἶπον, ἥ τις συνεργηϑεῖσα
χρόνῳ δυσεξίτητον τὴν κατοχὴν αὐτοῖς εἴρασται,
ὥστε τὴν μὲν ἀλήϑειαν δοκεῖν λῆρον, τὸ δὲ τῆς
ἀφηγήσεως νόϑον, ἀλήϑειαν.

Εὐσεβίου.

Ταῦτα ἀπὸ τῆς Σαγχουνιάϑωνος προκείσϑω γραφῆς,
ἑρμηνευϑείσης μὲν ἀπὸ Φίλωνος τοῦ Βυβλίου, δοκιμασϑεί-

---

107) Ἴσιρις] Misor sive Mizraim fratrem Taauti in hoc nomine
agnoscjt Cumberlandus. [O.]

108) τῶν τριῶν γραμμάτων εὑρετής] i. e. qui Alphabeto Phoenicio quod sedecim litteris constabat, tres addidit. Quales hae fuerint
incertum. Cadmum tamen, qui Alphabetum Phoenicium in Graeciam
intulit, literis Α. Β. Γ, Δ. Ε. Η. Ι. Κ. Λ. Μ. Ν. Ο. Π. Ρ. Σ. Τ.
tres addidisse Ζ. Θ. et Ξ. antiqui tradunt. Vide inprimis Rambach.
l. t. Zusätze zu Potters Archäologie pag. 242. ubi et Alphabetum Phoenicum cum antiquissimo Graecorum aere insculptum videmus. Tab. I.
Conf. Scaliger ad Euseb. Chronic. p. 103. seqq. et G. I. Voss. de arte
Grammat. Lib. I. c. XVI. [O.]

109) ἀδελφὸς Χνᾶ τοῦ πρώτου μετονομασϑέντος Φοίνι-
κος] Scaliger in Append. ad Emend. Temp. pag. 35. invenisse sibi videtur in hoc homine Canaanem filium Chami Hebr. כְּנַעַן. Et sane Ca-

legoriis quibusdam ementitus, cum rerum naturalium et
eorum, quae passim hoc in mundo contingunt affectionibus
coniuncta, Prophetis orgia celebrantibus et sacrificiorum my-
steriorumque principibus tradidit. Qui deinceps inanem
hanc ostentationem, quam omni spe omnique studio augere
conati erant, suis quoque successoribus et initiatis reliquere.
Horum unus Isiris quidam fuit, trium literarum inventor,
frater illius Chnae, qui primus postea Phoenix vocatus est.
*Quibus postea haec subiicit (Philo). At vero Graeci, ho-
mines, prae ceteris gentibus politi admodum et elegantis
ingenii, primum quidem istorum pleraque sibi tanquam propria vindicarunt: sed cum aures atque animos fabularum
voluptate permulcere vellent, novis eadem ac multiplicibus
postea commentorum, quasi ornamentorum accessionibus supra modum exaggerarunt. Atque hinc Hesiodus et poetae
cyclici, quorum fabellis omnia circumsonant, propria sibi
quaedam Gigantum ac Titanum certamina sectionesque con-
finxere. Quae cum illi passim et ubique iactarent, veritatem ipsam oppresserunt. Aures vero nostrae iam inde ab
infantia illorum fictionibus assuetae, et opinionibus per
multa secula propagatis occupatae, quam semel accepere
fabularum vanitatem, perinde ac depositum aliquod, ut statim ab initio dixi, custodiunt, quod ab ipso tempore vires
ac robur acceperit, possessionemque ita confirmavit suam,
ut eam excutere longe difficillimum sit, iamque veritas ipsa
nugarum, adulterinae vero ac spuriae narrationes loco veritatis habeantur.*

(Iam pergit Eusebius.)

Verum satis ista sunto, quae ex Sanchoniathonis operibus huc usque retulimus, quae cum a Philone Byblio con-

---

naan (inquit Scaliger) secundum Gen. X. 15. est pater Sidonis, a quo
Sidonii, a Sidoniis Tyrii et omnes Phoenices et apud Stephanum Byzant. *Chna* est nomen vetus Phoenices Χνᾶ - οὕτως ἡ Φοινίκη ἐκαλεῖτο.
Idem τὸ ἐθνικὸν ταύτης Χνάοι. Hinc Africani rustici circa Carthaginem
interrogati quinam essent, respondebant *Chanani* teste Augustino, בְּנֵי
est Chananaeus. [*Bochart pag.* 711.] Conf. *Kanne Pantheon der ältesten Naturphilosophie* pag. 520. [O.]

110) καὶ τοῖς προκοσμήμασι] Mont. εἶτα τοῖς προκοσμήμασι, forte
melius εἶτα καὶ τοῖς προκοσμήμασι, tametsi προκοσμήματα esse possint
praevius quidam orationis fucus et quasi sequentibus fabulis προοδο-
ποιῶν. [*Viger.*]

111) καὶ ἐκτομάς] Pessime haec Vigerus interpretatur *partes quasdam ac veluti frusta ex toto illo rerum Phoeniciarum corpore excerpta;*
ἐκτομὰς scil. τῶν αἰδοίων *castrationes* ut bene Wagner. [O.]

σης δὲ ὡς ἀληθοῦς ὑπὸ τῆς Πορφυρίου τοῦ φιλοσόφου μαρτυρίας. Ὁ δ᾽ αὐτὸς ἐν τῷ περὶ τῶν Ἰουδαίων συγγράμματι ἔτι καὶ ταῦτα περὶ τοῦ Κρόνου γράφει.

Πορφυρίου.

Τάαυτος, ὃν Αἰγύπτιοι Θωθ προσαγορεύουσι, σοφίᾳ διενεγκὼν παρὰ τοῖς Φοίνιξι, πρῶτος τὰ κατὰ τὴν θεοσέβειαν ἐκ τῆς τῶν χυδαίων [112]) ἀπειρίας εἰς ἐπιστημονικὴν ἐμπειρίαν διέταξεν, ᾧ μετὰ γενεὰς πλείστας, Θεὸς Σαυρμουβηλὸς, Θουρώ τε ἡ μετονομασθεῖσα Χρούσαρθις, ἀκολουθήσαντες, κεκρυμμένην τοῦ Ταάυτου καὶ ἀλληγορίαις ἐπεσκιασμένην τὴν Θεολογίαν ἐφώτισαν. καὶ μετὰ βραχέα φησίν· Ἔθος ἦν τοῖς παλαιοῖς ἐν ταῖς μεγάλαις συμφοραῖς τῶν κινδύνων, ἀντὶ τῆς πάντων φθορᾶς, τὸ ἠγαπημένον τῶν τέκνων τοὺς κρατοῦντας ἢ πόλεως ἢ ἔθνους, εἰς σφαγὴν ἐπιδιδόναι λύτρον τοῖς τιμωροῖς δαίμοσι, κατεσφάττοντο δὲ οἱ διδόμενοι μυστικῶς [113]). Κρόνος τοίνυν, ὃν οἱ Φοίνικες Ἰσραὴλ προσαγορεύουσι [114]), βασιλεύων τῆς χώρας, καὶ ὕστερον μετὰ τὴν τοῦ βίου τελευτὴν εἰς τὸν τοῦ Κρόνου ἀστέρα καθιερωθεὶς [115]), ἐξ ἐπιχωρίας Νύμφης Ἀνοβρὲτ [116]) λεγομένης, υἱὸν ἔχων μονογενῆ, ὃν διὰ τοῦτο Ἰεουδ ἐκάλουν [117]),

---

112) τῶν χυδαίων] i. e. hominum e faece vulgi *Crethi und Plethi* ut vernacule exprimimus. [O.]

113) μυστικῶς] i. e. cum occultis, vel mysticis ceremoniis. [O.]

114) ὃν οἱ Φοίνικες Ἰσραὴλ προσαγορεύουσι] Ἰσραὴλ tanquam auctorem gentis Israeliticae Abrahamum appellat Porphyrius eius sacrificium confundens cum Croni sacrificio a Sanchoniathone vel Philone Bybliensi memorato. In Genesi nomen Ἰσραὴλ Iacobo demum nepoti Abrahami a Iehova inditum. [O.]

115) εἰς τὸν τοῦ Κρόνου ἀστέρα καθιερωθεὶς] Stella Saturni apud Aegyptios, Chaldaeos, Phoenices et Graecos vocabatur Φαίνων quod vocabulum Münterns in l. t. Religion der Karthager pag. 7. derivat a voce Aegyptia ΦΕΠΕΖ *aeternum*. Locus de hac stella classicus est Iohannis Lydi in libro de Mensibus pag. 25. ed. Schow. Τὴν ἑβδόμην ἡμέραν Αἰγύπτιοι μὲν καὶ Χαλδαῖοι προσφωνοῦσι Φαίνοντι, οὕτω κατ᾽ αὐτοὺς προσαγορευομένῳ ἀστέρι τῷ πάντων ἀνωτάτῳ, ψυχόντι ἀκρῶς καὶ προσεχῶς ξηραίνοντι. Κρόνον δὲ αὐτὸν Ἕλλησιν ἔθος καλεῖν κατὰ μὲν θεολογίαν κατὰ δὲ ἐτυμολογίαν Διακορὴν (οἰονεὶ πλήρη καὶ μεστὸν ἐτῶν) ἀντὶ τοῦ Μακραίωνα et de huius aliarumque planetarum nominibus Graecis et Aegyptiacis Achillis Tatii Isagog. in Arati Phaenomena in Peta-

versa graeceque reddita sunt, tum Porphyrii philosophi testimonio tanquam vera comprobantur. Caeterum idem in
eo libro, quem de Iudaeis scriptum reliquit, haec praeterea
de Saturno commemorat.

(Porphyrii.)

„Taautus ille, quem Thoth Aegyptii vocant, cum in-
genti apud Phoenices sapientiae laude floreret, quae ad religionem cultumque Deorum pertinebant, primus ex humi-
lium ac plebeiorum capitum inscientia vindicata, eleganti et
accommodato ad scientiae leges ordine disposuit. Cui cum
Surmubelus Deus et Thuro, quae deinceps mutato nomine
Chrusarthes appellata est, longo aevorum intervallo succes-
sissent, occultam ipsius et allegoriarum involutam umbris
Theologiam illustrarunt. *Ac paulo post*: Hoc *inquit*, apud
veteres in more positum erat, ut in summis reipublicae ca-
lamitatibus, penes quos aut civitatis aut gentis imperium
esset, ii liberorum carissimi cultoribus daemonibus iugulati
sanguine quasi pretio publicum exitium pestemque redime-
rent. Qui vero tum ad sacrificium devovebantur eos mysticis quibusdam ceremoniis iugulabant. Saturnus igitur, quem
Phoenices Israelem nominant, quemque post obitum in Astrum
eiusdem nominis consecrarunt, cum iis in locis regnaret; ac
filium unigenam ex Nympha quadam indigena, quam Ano-
breten vocabant, suscepisset, eumque propterea nomine
Ieiidem appellatum, quod ea vox apud Phoenices unigenam

---

vii Uranologio pag. 136. *Αἰγυπτίοις γὰρ, καὶ "Ελλησι, τοῦ Κρόνου ὁ
ἀστήρ, καίτοι ἀμαυρότατος ὢν, Φαίνων λέγεται. Ἀλλὰ παρ᾽ "Ελλησι μὲν κατὰ
τὸ εὔφημον λέγεται οὕτω· παρὰ δὲ Αἰγυπτίοις Νεμέσεως ἀστήρ. Δεύτερος
ὁ Διὸς καθ᾽ "Ελληνας Φαέθων· κατὰ δὲ Αἰγυπτίους Ὀσίριδος ἀστήρ. Τρί-
τος ὁ τοῦ Ἄρεως, παρὰ μὲν "Ελλησι Πυρόεις· παρὰ δὲ Αἰγυπτίοις Ἡρακλέους ἀστήρ. Τέταρτος ὁ τοῦ Ἑρμοῦ καλεῖται παρὰ μὲν "Ελλησι Στίλβων·
παρὰ δὲ Αἰγυπτίοις Ἀπόλλωνος ἀστήρ. Πέμπτος ὁ τῆς Ἀφροδίτης παρὰ μὲν
"Ελλησιν ἑωσφόρος* (omissum est nomen Aegyptiacum librarii culpa). *Isi-
dis stella*, teste Plinio Hist. Nat. II. 8. Vide Iablonski Pantheon Aegypt. III. 6. Tom. II. pag. 129. Apud Syros autem et Phoenices Pla-
neta Iovis audiebat stella Baali vel Beli, Martis stella Molochi, Veneris
Astartes stella, Mercurii Nebo. Vide Dupuis Origine de tous les cultes
Tom. I. pag. 6. [O.]

116) Ἀνοβρέτ] *Anobret* vel עוברת הן *Annoberet* i. e. *ex gratia
concipiens* recte appellatur Sara quae *πίστει δύναμιν εἰς καταβολὴν σπέρ-
ματος ἔλαβε, καὶ παρὰ καιρὸν ἡλικίας ἔτεκεν, ἐπεὶ πιστὸν ἡγήσατο τὸν
ἐπαγγειλόμενον* Hebr. XI. 11. [*Bochart. pag. 712.*]

117) ὃν διὰ τοῦτο Ἰεοὺδ ἐκάλουν] Ἰεοὺδ Hebraeis est יָחִיד
Iehid Isaaci epitheton, de quo etiam agi apparet. [*Idem pag. 711.*]

τοῦ μονογενοῦς οὕτως ἔτι καὶ νῦν καλουμένου παρὰ τοῖς Φοίνιξι, κινδύνων ἐκ πολέμου μεγίστων κατειληφότων τὴν χώραν, βασιλικῷ κοσμήσας σχήματι τὸν υἱὸν, βωμὸν δὲ κατασκευασάμενος κατέθυσεν.

Ε ὐ σ ε β ί ο υ.

Ὁ δ᾽ αὐτὸς [118]) πάλιν περὶ τῶν Φοινίκων στοιχείων ἐκ τῶν Σαγχουνιάθωνος μεταβαλὼν θεῖα ὁποῖά φησι περὶ τῶν ἑρπυστικῶν καὶ ἰοβόλων θηρίων, ἃ δὴ χρῆσιν μὲν ἀνθρώποις ἀγαθὴν οὐδεμίαν συντελεῖ, φθορὰν δὲ καὶ λύμην, οἷς ἂν δυσαλθῆ καὶ χαλεπὸν ἰὸν ἐγχρίμψειεν, ἀπεργάζεται. γράφει δὲ καὶ ταῦτα πρὸς λέξιν ὧδέ πως λέγων· „Τὴν μὲν οὖν τοῦ Δράκοντος φύσιν καὶ τῶν ὀφέων αὐτὸς ἐξεθείασεν ὁ Τάαυτος, καὶ μετ᾽ αὐτὸν αὖθις Φοίνικές τε καὶ Αἰγύπτιοι, πνευματικώτατον γὰρ τὸ ζῷον πάντων [119]) τῶν ἑρπετῶν καὶ πυρῶδες ὑπ᾽ αὐτοῦ παρεδόθη· παρ᾽ ὃ καὶ τάχος ἀνυπέρβλητον διὰ τοῦ πνεύματος παρίστησι, χωρὶς ποδῶν τε καὶ χειρῶν, ἢ ἄλλου τινὸς τῶν ἔξωθεν, ἐξ ὧν τὰ λοιπὰ ζῷα τὰς κινήσεις ποιεῖται· καὶ ποικίλων σχημάτων τύπους ἀποτελεῖ, καὶ κατὰ τὴν πορείαν ἑλικοειδεῖς ἔχει τὰς ὁρμὰς, ἐφ᾽ ὃ βούλεται τάχος· καὶ πολυχρονιώτατον δέ ἐστιν οὐ μόνον τῷ ἐκδυόμενον τὸ γῆρας νεάζειν, ἀλλὰ καὶ αὔξησιν ἐπιδέχεσθαι μείζονα πέφυκε. καὶ ἐπειδὰν τὸ ὡρισμένον μέτρον πληρώσῃ, εἰς ἑαυτὸν ἀναλίσκεται, ὡς ἐν ταῖς ἱεραῖς ὁμοίως αὐτὸς ὁ Τάαυτος κατέταξε γραφαῖς· διὸ καὶ ἐν ἱεροῖς τοῦτο τὸ ζῷον καὶ ἐν μυστηρίοις συμπαρείληπται [120]). εἴρηται δὲ ἡμῖν περὶ αὐτοῦ ἐν τοῖς ἐπιγραφομένοις ἐθωθίων [121]) ὑπο-

118) ὁ δ᾽ αὐτός] Quisnam? Num Philo Byblius an Porphyrius? Porphyrium agnoscit Wagnerus, quem etiam cum orationis color, tum etiam loca ex Zoroastris, Hostanis aliorumque Magorum et Theurgorum scriptis citata auctorem sequentis fragmenti arguere videntur. [O.]

119) πνευματικώτατον γὰρ τὸ ζῷον πάντων] i. e. animal omnium vivacissimum, voll Lebendigkeit, voll Feuer und Geist. [O.]

120) διὸ καὶ ἐν ἱεροῖς τοῦτο τὸ ζῷον καὶ ἐν μυστηρίοις συμπαρείληπται] v. c. in Ὠμοφαγίοις sive Bacchanalibus Graecorum de quibus Arnobius Lib. V. Cap. XIX. Bacchanalia etiam praetermittamus immania quibus nomen Omophagiis Graecum est, in quibus furore mentito et sequestrata pectoris sanitate circumplicatis vos anguibus, atque ut vos plenos Dei numine ac maiestate doceatis caprorum reclamantium viscera cruentatis oribus dissipatis; in Sebadiis etiam.

etiamnum significet, cumque gravissimum belli periculum universam in regionem incubuisset, illum ipsum regio cultu ornatum ad aram ab sese prius erectam et instructam immolavit.

(Eusebii.)

Iam vero considera cuiusmodi ea sint, quae idem (Philo) ex Sanchoniathonis opere de Phoenicum elementis conscripto, graecis expressa verbis de reptilibus quibusdam ac venenum iaculantibus animalibus commemorat; quae cum nullam hominibus utilitatem afferant, tum pestem iis atque interitum creant, in quos tetrum illud suum et exitiale venenum excusserint. Sic itaque ad verbum ille: „Taautus quidem draconis serpentiumque naturae divinitatem aliquam tribuebat, quam eius opinionem Phoenices et Aegyptii postea comprobarunt. Enim vero genus hoc animantis prae cunctis reptilibus, vi et copia spiritus abundare docet, eiusque naturam igneam esse, quod etiam propterea celeritatem, inquit, prae se fert omni exceptione maiorem, cum neque pedum neque manuum neque alterius cuiusquam exterioris membri adminiculum habeat, cuiusmodi sunt, quibus ad motum reliquae animantes uti solent. Praeterea varias ac multiplices corporis formas ostendit, ac sinuosis intortum spiris, sese quam libuerit, incitato vibrat impetu. Diuturnae admodum vitae est, nec solum exuto senio iuvenescit, verum etiam maiora corporis simul ac virium accipit incrementa, donec tandem confecto certo quodam annorum curriculo in se ipsum iterum dissolvatur, quemadmodum in sacris etiam tabulis idem Taautus scriptum reliquit. Id quod in causa fuit, cur hoc animantium genus in sacris pariter atque mysteriis adhiberi soleret. De hoc autem in commentariis, quos Ethothia inscripsimus, pluribus

---

Idem V. 21. *Ipsa novissime sacra quibus Sebadiis nomen est, testimonio esse poterunt veritati: in quibus aureus coluber in sinum demittitur consecratis et eximitur rursus ab inferioribus partibus atque imis,* ubi vide quae observavimus. Eiusmodi serpentes sacros Thebis in Aegypto a sacerdotibus in templis nutritos fuisse novimus ex Herodoto Euterpe Cap. 74. [O.]

121) ἰθωθίων] Forte an Chronica, ut derivetur ab Hebraico עֵת quod est *tempus*, cuius plural. etiam foemin. est עִתּוֹת. At in Mont. leg. ἠθικῶν quae si vera lectio est, de vario ac multiplici animantium genere scriptum opus illud fuerit: cuius hic specimen aliquod in serpente. [*Viger.*] Num ἰθωθίων contractum vel potius corruptum ex ἰθων θείων ut intelligendi sint commentarii de ritibus sacris, caeremoniis? [O.]

μνήμασιν ἐπὶ πλεῖον, ἐν οἷς κατασκευάζεται, ὅτι ἀθάνατον
εἴη, καὶ εἰς ἑαυτὸν ἀναλύεται, ὥσπερ πρόκειται· οὐ γὰρ
θνήσκει ἰδίῳ θανάτῳ, εἰ μὴ βίᾳ τινὶ πληγὲν τοῦτο τὸ ζῶον.
Φοίνικες δὲ αὐτὸ ἀγαθὸν δαίμονα καλοῦσιν [122]). Ὁμοίως
καὶ Αἰγύπτιοι Κνὴφ ἐπονομάζουσι [123]) · προστιθέασι δὲ αὐτῷ
ἱέρακος κεφαλὴν [124]), καὶ διὰ τὸ πρακτικὸν τοῦ ἱέρακος, καὶ
φησιν ὁ Ἐπήεις [125]) ἀλληγορῶν· ὁ ὀνομασθεὶς παρ᾽ αὐτοῖς
μέγιστος ἱεροφάντης, καὶ ἱερογραμματεύς· ὃν μετέφρασεν
εἰς Ἑλλάδα φωνὴν Ἀρεῖος Ἡρακλεοπολίτης κατὰ λέξιν οὕ-
τως· Τὸ πρῶτον ὂν θειότατον, ὄφις ἐστὶν ἱέρακος ἔχων
μορφὴν ἄγαν ἐπίχαρις· ὃς εἰ ἀναβλέψειε, φωτὸς τὸ πᾶν
ἐπλήρου ἐν τῇ πρωτογόνῳ χώρᾳ [126]) αὐτοῦ· εἰ δὲ καμμύσειε,
σκότος ἐγένετο. ἔμφασιν διδοὺς ὁ Ἐπήεις, ὅτι καὶ διάπυρόν
ἐστι διὰ τοῦ φάναι διηύγασε. Παρὰ Φοινίκων δὲ καὶ
Φερεκύδης [127]) λαβὼν τὰς ἀφορμὰς, ἐθεολόγησε περὶ τοῦ
παρ᾽ αὐτῷ λεγομένου Ὀφιωνέως Θεοῦ [128]) καὶ τῶν Ὀφιωνι-
δῶν περὶ ὧν αὖθις λέξομεν. Ἔτι μὴν οἱ Αἰγύπτιοι τῆς
αὐτῆς ἐννοίας τὸν κόσμον γράφοντες, περιφερῆ κύκλον ἀε-
ροειδῆ καὶ πυρωπὸν χαράσσουσι, καὶ μέσον τεταμένον ὄφιν
ἱερακόμορφον καὶ ἔστι τὸ πᾶν σχῆμα, ὡς τὸ παρ᾽ ἡμῖν Θῆτα·
τὸν μὲν κύκλον κόσμον μηνύοντες, τὸν δὲ μέσον ὄφιν συν-

---

122) Φοίνικες δὲ αὐτὸ ἀγαθὸν δαίμονα καλοῦσιν] Lampi-
dius de Heliogabalo Cap. 28. *Aegyptios dracunculos domi habuit, quos
illi agathodaemonas vocant.* Servius in haec Virgilii Georg. III. 417.
- - - - - - *coelumque exterrita fugit* i. e. *tectis gaudet, ut sunt* ἀγαθοὶ
δαίμονες, *quos Latini Genios dicunt.* Caeterum Graeca vox latet etiam
in Arabico *agadanimon* qui ab Avicenna censetur in genere draconum.
Sed hoc vocabulum aperte corruptum ex· ἀγαθοδαίμων. [*Bochart. Hie-
rozoic. III. 14. Tom. III. pag.* 429. *ed. Leusd.*] Hunc Agathodaemonem eandem fuisse cum serpente Aesculapii observat Dupuis l. l. Tom.
II. p. 275. Not. 95. [O.]

123) ὁμοίως καὶ Αἰγύπτιοι Κνὴφ ἐπονομάζουσι] Scribitur
Κνὴφ et Κνοῦφις quomodo apud Strabonem. Et sic nomen istud in gemmis quibusdam Abraxeis effertur. Puto Aegyptiis nomen hoc verum et
plenum sonuisse Ἰχνοῦφις quod secundum literam significat ἀγαθὸν δαίμονα. Prolixe argumentum hoc persecutus sum in Pantheo Aegyptiorum
Lib. I. Cap. IV. [*Iablonski Opuscc. Tom. I. p.* 112. *ed. te Water.*]
Conf. *Nitsch et Klopfer Mythologisches Wörterbuch v. Cneph* et imprimis Dupuis. l. l. *Origine de tous les cultes* Tom. II. p. 182. et seq. [O.]

124) προστιθέασι δὲ αὐτῷ ἱέρακος κεφαλήν] Accipiter apud
Aegyptios solis symbolum fuisse pluribus docet Iablonski in Pantheo
Aegyptiorum Lib. II. Cap. II. pag. 158. Hunc spectat Anticlidis cuius-
dam versus citatus a Kirchero in Oedipo Tom. III. p. 128.

a nobis disputatum est, ubi ipsum immortale esse et in sese denuo, quemadmodum ante dicebam, resolvi demonstravimus. Nec etiam eiusmodi animal, nisi vi quadam percussum ante fuerit, morte naturali extinguitur. Atque illud quidem Phoenices bonum daemonem, Aegyptii vero Cnephum similiter nuncuparunt, eidemque caput accipitris ob praecipuam quandam eius volucris vivacitatem addiderunt. Quin etiam Epeis ille, qui summus ab iis sacrorum interpres ac scriba nominatur, quemque Arius Heracleopolites Graeca lingua donavit, sic ad verbum allegorice rem istam exposuit. Unus omnium maxime divinus erat serpens ille, qui accipitris formam prae se ferebat, idemque adspectu iucundissimus, quippe enim ubi oculos aperuisset, continuo primogeniae suae regionis loca omnia luce complebat: sin autem conniveret, illico tenebrae succedebant. Ac natura quidem igneum illud esse vi ipsa verbi διηύγασεν id est *illustrabat* Epeis manifeste declaravit; lucis enim τὸ διαυγάσαι hoc est *illustrare* proprium est. Pherecydes autem occasione ex Phoenicibus arrepta, theologicam de illo numine, quod Ophionem ipse nuncupat, deque Ophionidis instituit disputationem, nos autem de illis aliquid etiam postea subiiciemus. Caeterum Aegyptii mundum eodum consilio depingentes, retundum circulum aërio colore, flammisque sparsum exprimunt, cuius in medio serpens extentus accipitris forma collocatur. Ac tota quidem figura Graeco Theta persimilis, ita nimirum, ut circulo mundum exhibeant, ser-

---

ʼHέλιος δὲ Nότοιο ἄναξ, ἱέραξ πολύμορφε.

Hunc etiam solem scil. nostrum respexisse docent verba paulo post sequentia ὃς εἰ ἀναβλέψειε, φωτὸς τὸ πᾶν ἐπλήρου ἐν τῇ πρωτογόνῳ χώρᾳ αὐτοῦ. εἰ δὲ καμμύσειε, σκότος ἐγένετο, Conf. Dupuis l. l. Tom. II. pag. 276. [O.]

125) Ἐπήεις] Mont. Ἐπειώς [*Viger.*] Ceterum mentionem huius Hierophantae apud veteres frustra quaesivi non magis quam illius interpretis Graeci Arii Heracleopolitani, [O.]

126) ἐν τῇ πρωτογόνῳ χώρᾳ] *In solo genitali coelo scil.* Vide supra Not. 123. [O.]

127) Φερεκύδης] Syrius scil. (e Syra insula Archipelagi) distinguendus ab Atheniensi. [O.]

128) Ὀφιωνέως Θεοῦ] Ὀφιωνεὺς propr. Deus vel potius Titan in serpentem desinens qui bellum gessit cum Saturno. Origenes contra Celsum pag. 304. ed. Spencer. putat Ophionea illum συμβολικῶς accipiendum et in theologiam Pherecydis translatum fuisse e libris Mosis, ubi exstat notissima illa de serpente historia. Conf. Sturz V. Cl. *ad Fragmenta Pherecydis pag.* 54. et *Kanne Ideen zur Mythologie der alten Welt pag.* 289. *Not.* [O.]

εκτικὸν τούτου [129]) ἀγαθὸν δαίμονα σημαίνοντες. Καὶ Ζωροάστρης δὲ ὁ Μάγος [130]) ἐν τῇ ἱερᾷ συναγωγῇ τῶν Περσι-
κῶν φησὶ κατὰ λέξιν· Ὁ δὲ Θεός ἐστι κεφαλὴν ἔχων ἱέρακος. Οὗτός ἐστιν ὁ πρῶτος ἄφθαρτος, ἀΐδιος, ἀγέννητος,
ἀμερὴς, ἀνομοιότατος, ἡνίοχος παντὸς καλοῦ, ἀδωροδόκη-
τος, ἀγαθῶν ἀγαθότατος, φρονίμων φρονιμώτατος, ἐστὶ δὲ
καὶ πατὴρ εὐνομίας καὶ δικαιοσύνης, αὐτοδίδακτος, φυσι-
κός [131]), καὶ τέλειος, καὶ σοφὸς, καὶ ἱεροῦ φυσικοῦ μόνος
εὑρέτης." Τὰ δὲ αὐτὰ καὶ Ὀστάνης [132]) φησὶ περὶ αὐτοῦ
ἐν τῇ ἐπιγραφομένῃ ὀκτατεύχῳ [133]). πάντες δὲ τὰς ἀφορμὰς
ἀπ᾽ αὐτοῦ λαβόντες, ἐφυσιολόγησαν ὥσπερ πρόκειται, καὶ
τὰ μὲν πρῶτα στοιχεῖα τὰ διὰ τῶν ὄφεων [134]), ναοὺς κατα-
σκευασάμενοι ἐν αὐτοῖς ἀφιέρωσαν, καὶ τούτοις θυσίας καὶ
ἑορτὰς ἐπετέλουν καὶ ὄργια, Θεοὺς τοὺς μεγίστους νομίζοντες
καὶ ἀρχηγοὺς τῶν ὅλων. Τοσαῦτα καὶ τὰ περὶ τῶν ὄφεων.
Ἀλλὰ γὰρ τὰ μὲν τῆς Φοινίκων Θεολογίας τοῦτον περιέχει τὸν τρόπον. ἣν ἀμεταστρεπτὶ φεύγειν, καὶ τῆς τῶν
παλαιῶν φρενοβλαβείας τὴν ἴασιν μεταδιώκειν, ὁ σωτήριος
εὐαγγελίζεται [135]) λόγος. Ὅτι δὲ μὴ μῦθοι ταῦτα καὶ ποιητῶν ἀναπλάσματα λανθάνουσάν τινα ἐν ὑπονοίαις ἔχοντα
θεωρίαν τυγχάνει, σοφῶν δὲ καὶ παλαιῶν, ὡς ἂν αὐτοὶ
φαῖεν, Θεολόγων ἀληθεῖς μαρτυρίαι, τὰ καὶ ποιητῶν ἁπάν-
των καὶ λογογράφων πρεσβύτερα περιέχουσαι, τό,τε πιστὸν
τῶν λόγων ἐπαγόμεναι ἀπὸ τῆς εἰσέτι δεῦρο ἐν ταῖς κατὰ
Φοινίκην πόλεσί τε καὶ κώμαις κρατούσης τῶν Θεῶν προσ-
ηγορίας τε καὶ ἱστορίας, τῶν τε παρ᾽ ἑκάστοις ἐπιτελου-

---

129) συνεκτικὸν τούτου] Sic legendum pro συνεκτικὸν τοῦτον.
τούτου nempe κύκλου. Paulo ante Eusebius (sive Porphyrius) dixerat
figuram hanc similem esse Graecorum Θ, ubi circulus mundum significat, linea vero, quae medium circulum secat, subinnuit serpentem, et
hic Agathodaemonem qui nempe per totum mundum extensus est eumque continet. Observa autem Proclum Lib. III. in Timaeum p. 216. ex
Porphyrio docere Aegyptios τὴν ψυχὴν κοσμικὴν animam mundi figura
hac ⊕ adumbrare. Nempe medium Χ vel + significat mundum et
quatuor eius plagas: circulus vero ambiens est serpens, anima mundi
Cneph. Et haec figura communior est priori. [*Iablonski in Pantheo
Aegypt.* Lib. I. Cap. IV. Tom. I. pag. 86.]

130) καὶ Ζωροάστρης δὲ ὁ Μάγος] Suidas: Ζωροάστρης. Περ-
σομήδης σοφὸς παρὰ τοὺς ἐν τῇ ἀστρονομίᾳ, ὃς καὶ πρῶτος ἤρξατο παρ᾽ αὐτοῖς πολιτευομένου ὀνόματος τῶν Μάγων. ἐγένετο δὲ πρὸ τῶν Τρωικῶν
ἔτεσι φ'. φέρεται δὲ αὐτοῦ περὶ φύσεως βιβλία δ' περὶ λίθων τιμίων ἐν.
ἀστεροσκοπικὰ ἀποτελεσματικὰ βιβλία ε. Ceterum plures eiusdem nominis
memorantur ab antiquis. Vide quae observavimus ad Arnobium I. 52.
Tom. I. pag. 342. et seqq. [O.]

pente autem medio illum utrinquê coniungente, bonum Daemonem significent. " At vero Zoroastres Magus in sacro
Persicorum rituum commentario, haec totidem verbis habet:
Deus autem est accipitris capite, princeps omnium, expers
interitus, sempiternus, sine ortu, sine partibus, maxime
dissimilis, omnis boni moderator, integerrimus, bonorum
optimus, prudentium prudentissimus, legum aequitatis et
iustitiae parens, se tantum praeceptore doctus, naturalis,
perfectus sapiens, et sacrae vis physicae unus inventor. "
Eadem insuper Ostanes de illo tradit in eo, quod Octateu-
chum inscripsit volumine. Reliqui autem omnes principem
illum sequuti, de rerum natura, quemadmodum ante dictum
est, philosophati sunt: ac primis elementis serpentium forma,
in templis quae construxerant, solenni ritu dedicatis cum
sacrificia, tum festos quoque dies et orgia celebrarunt,
quod illos Deorum maximos esse rerumque omnium principes ac moderatores putarent. Verum haec de serpentibus
modo satis.

Huiusmodi ergo est Phoenicum Theologia, quam ut
irretortis oculis fugiamus, ac priscorum vesaniae medicinam
persequamur, salutaris Evangelii doctrina praecipit. Nam
quod ista omnia nec fabulae sint, nec commenta poetarum,
quae latentem nescio quam in intimis sensibus contemplationem involvant, sed potius vera sapientium ac veterum,
ut ipsi quidem appellant, Theologorum testimonia, quae
res omnibus et poëtis et fabularum scriptoribus antiquiores
complectantur, fidemque arcessant 'cum ex illa ipsa, quae
in Phoenicum urbibus ac pagis etiamnum celebratur, Deorum appellatione atque historia, tum ex iis, quae apud

---

131) φυσικός] Naturalis scil. spiritus vel anima mundi, quae Naturam universi continet. [O.]

132) 'Οστάνης] Is est quem Plinius Hist. Nat. XXX. 2. dicit *Xer-
xis in eo bello, quod Graeciae intulerat, comitem velut semina artis
portentosae sparsisse, obiter infecto, quacunque commeaverat, mundo.*
Alii multo antiquiorem faciunt et habent pro magistro Zoroastris. Ab hoc
Archimago reliquos etiam Persarum Magos Hostanis nomen accepisse
tradit Suidas v. 'Οστᾱναι. Vide qui de hoc Mago multus est Iablonski
in Pantheo Aegypt. Prolegg. pag. CXLIV. et seqq. [O.]

133) ἐν τῇ ἐπιγραφομένῃ ὀκτατεύχῳ] i. e. in opere (Astro-
nomico vel Magico) in 8 libros sive sectiones distincto. Nil amplius. [O.]

134) τὰ διὰ τῶν ὄφεων] Articulus videtur delendus, ut sensus
sit: Orientales populos serpentium forma prima rerum elementa in templis consecrasse ut bene interpretatus est Vigerus. [O.]

135) εὐαγγελίζεται] h. e. *praecipit nobis, monet nos ad salu-
tem nostram.* [O.]

μένων μυστηρίων, δῆλον ἂν εἴη, ὡς μηκέτι τούτων χρῆναι
βιαίους ἀνιχνεύειν φυσιολογίας, σαφῆ τὸν ἐξ ἑαυτῶν ἔλεγχον ἐπιφερομένων τῶν πραγμάτων. Τοιαύτη μὲν οὖν ἡ Φοινίκων Θεολογία. ὥρα δὲ μεταβάντας καὶ τὴν Αἰγυπτίων
ἐπιθεωρῆσαι.

singulos peraguntur, Mysteriis quivis opinor intelligit, nihil
ut iam necesse sit coactas rerum istarum physicas explicationes perscrutari, cum certissimis, quae sponte ac per se
ipsas illae suppeditant, argumentis indiciisque teneantur.
Haec ergo de Phoenicum Theologia dicta sunto. Iam enim
tempus est ut ad Aegyptiorum sacra doctrinamque trans-
eamus.

GENEALOGIA

Hominum Antediluvianorum inprimis Cainitarum

quam in his Sanchoniathonis Fragmentis
reperisse sibi visus est Cumberlandus

comparata

cum eorundem Genealogia apud Mosem.

Sanchoniathon.	Moses.
1. Πρωτόγονος Αἰών	Adam, Eva.
2. Γένος, Γενεά	Cain et eius uxor.
3. Φῶς, Πῦρ, Φλόξ............	Hanoch (filius Caini).
4. Κάσσιος, Λίβανος, Βραθύ } ...	{ Desunt.
5. Μημροῦμος Οὐσῶος....... }	
6. Ἀγρεύς, Ἁλιεύς..............	Irad.
7. Χρυσὼρ ὁ καὶ Ἥφαιστος......	Mehuiael (secundum alios Tubal-cain).
8. Τεχνίτης, Γήϊνός............	Methusael.
9. Ἄγρος, Ἀγρουηρός...........	Lamech.
10. Ἄμυνος, Μάγος............	Jabal, Iubal.

Quorum posteri cum in diluvio (quod Cumberlandus ponit sub an-num ante Christum 1656.) funditus periissent, illis omissa mentione di-luvii, uno tenore addit Sanchoniathon sequentes ex Sethi et Noachi progenie.

11. Ἐλιοῦν καὶ Ὕψιστος........	Lamech pater Noachi.
12. Οὐρανός...................	Noah.
13. Συδύκ, Κρόνος, Νηρεύς......	Sem, Cham, Iaphet.
14. Μισώρ.	Mizraim.

Υἰοὶ Διοσκούρων, Θωύθ, Ποσειδῶν.